상권

*Let's go on a trip! Package Chinese*

# 여행가자! 패키지 중국어

화인문화연구회 저

현우사

# 머리말

1992년 한국과 중국의 정식수교가 맺어진 이후 중국과 한국의 무역교류는 물론 인적교류 또한 놀라울 정도로 급성장하고 있다. 2019년 기준 對중국 수출이 2000억 달러를 넘어섰고, 수입도 1700억 달러에 이른다. 중국은 명실상부한 한국의 제1대 교역대상국이 된지 이미 오래되었다. 또한, 최근 통계에 따르면, 양국을 서로 방문하는 관광객수도 날로 증가하여 최근 한국에 입국한 중국관광객수는 480만 명에 이르고, 중국을 방문한 한국관광객수도 500만 명에 이른다.

중국어 교육을 담당하는 대학은 물론 중 · 고등학교에서도 앞 다투어 중국어를 개설하고 있다. 중학교에서는 실용중국어라는 과목을 개설하여 학생들에게 선택하도록 하고 있고, 고등학교에서는 중국어1, 2를 개설하여 운영하고 있다. 대학교도 전공중국어와 교양중국어로 나누어 중국어 수요층을 흡수하고 있다. 그밖에, 사설학원과 방송 등 여러 매체를 통한 중국어 교육도 점차 확대되고 있다.

2000년대 전후 중국어 교육에 새로운 바람이 불기 시작했는데, 그것은 바로 특수목적중국어의 교과목과 교재의 개발이다. 비즈니스중국어는 물론 관광중국어, 무역중국어, 항공중국어, 의료관광중국어 등 각양각색의 특수목적중국어 관련 교과목과 교재가 개발되었다. 이중 비즈니스중국어, 관광중국어, 무역중국어 등의 교과목과 교재의 개발은 이미 어느 정도 이루어 졌고, 그 연구 성과 또한 다른 특수목적중국어에 비해 상당한 수준에 이르렀다. 다만 아쉬운 점은, 이들 중국어의 교과목과 교재는 한국인이 중국인을 상대로 비즈니스를 행할 때 사용할 수 있는 특수목적중국어이다. 한국인이 중국인을 상대로 비즈니스를 할 때 쓰이는 중국어도 필요하지만, 단순히 중국을 방문하여 여가를 즐기려는 한국인을 위한 중국어도 필요하지 않을까 생각한다. 이러한 중국어의 교과목과 교재가 어쩌면 여행중국어일 것이다.

## PREFACE

본 교재는 이점을 염두에 두고 국내외에 출판된 여러 교재와 사전을 참고하여 한국인이 중국을 방문 혹은 여행할 때 자주 사용하는 중국어 표현을 엄선하여 해설과 함께 다소 어색할 수 있지만 중국어의 한국어 발음 표기를 덧붙였다. 그밖에 영어 표현도 첨가하였으니 중국을 여행할 때 참고자료가 되기를 희망한다.

끝으로 본 교재를 출판하는 과정에서 물심양면으로 지지해주신 심란희 박사님과 여러 차례 수정하는 과정에서 귀찮게 해드렸지만 싫은 내색하지 않으시고 편집을 도와주신 현우사 직원분들, 그리고 전자책의 출현과 어려운 출판 시장 속에서도 꿋꿋이 종이책을 지켜나가며 글쟁이들의 활동공간을 제공해 주신 배영환 사장님께 감사드린다.

연자골에서 저자 씀

# 목차

**Part 1 발음편**

중국어에 대한 상식 10
성모와 운모 12
성조 18
한어병음 표기법 20

**Part 2 회화**

UNIT 01 **기본회화 1** 24
1. 인사 24
2. 가벼운 질문과 대답 28
3. 간단한 표현 36
연습문제 41

UNIT 02 **기본회화 2** 44
1. 이름 물어보기 44
2. 나이 및 경험 묻기 48
3. 시간, 요일 54
연습문제 67

UNIT 03 **비행기에서 1** 70
1. 좌석 찾기 70
2. 자리에 앉기 74
3. 기내식 부탁하기 76
연습문제 83

UNIT 04 **비행기에서 2** 86
1. 기내 서비스 부탁하기 86

## CONTENTS

2. 기내 면세품 구입하기 92
3. 비행기 갈아타기 94
연습문제 99

UNIT 05 입국심사와 짐 찾기 102
1. 입국심사대에서 102
2. 세관심사하기 112
3. 수화물(짐) 찾기 118
연습문제 123

UNIT 06 호텔에서 1 126
1. 호텔예약 126
2. 체크인 130
3. 식당 물어보기 134
연습문제 137

UNIT 07 호텔에서 2 140
1. 룸 서비스 140
2. 호텔의 기타 서비스 146
3. 체크아웃 150
연습문제 153

UNIT 08 기차 · 렌터카 이용하기 1 156
1. 기차표 구매하기 156
2. 기차표 예매하기 160
3. 기차 타기 166
연습문제 171

## CONTENTS


UNIT **09** **기차 · 렌터카 이용하기 2** 174

1. 좌석에 앉기 174
2. 식당칸 이용하기 178
3. 렌터카 예약하기 180

연습문제 185

UNIT **10** **택시 이용하기** 188

1. 택시로 공항 가기 188
2. 목적지로 이동하기 194
3. 호텔로 가기 198
4. 택시에서 내릴 때 202

연습문제 207

한어성운결합표(汉语声韵结合表) 210

단어색인 212

PART

# 1

# 발음편

주요내용

- 중국어에 대한 상식
- 성모와 운모
- 성조 및 한어병음 표기법

# 중국어에 대한 상식

## ★ 품사 표기 방법

아래의 문법용어는 최근에 제정된 "중국어 학교 문법 용어 통일안"에 따라 작성되었다. 각 품사의 용어와 약자는 다음과 같다.

| | 품사 | 중국어 | 약자 |
|---|---|---|---|
| 1 | 명사 | 名词 | 名 |
| 2 | 대명사 | 代词 | 代 |
| 3 | 동사 | 动词 | 动 |
| 4 | 조동사 | 助动词 | 助动 |
| 5 | 형용사 | 形容词 | 形 |
| 6 | 부사 | 副词 | 副 |
| 7 | 수사 | 数词 | 数 |
| 8 | 양사 | 量词 | 量 |
| 9 | 개사 | 介词 | 介 |
| 10 | 접속사 | 连词 | 连 |
| 11 | 감탄사 | 感叹词 | 感 |
| 12 | 조사 | 助词 | 助 |

## ★ 중국어의 3대 구성요소

| 好 | hǎo | 좋다 |
|---|---|---|
| 글자 | 발음 | 뜻 |

중국어는 위와 같이 글자와 발음과 뜻 이 세 가지로 구성되어 있다. 중국어는 한국어나 영어처럼 쓰인 글자만으로는 읽을 수 없는 표의문자이므로, 해당 글자의 발음을 하나씩 익혀야 한다. 중국어의 발음은 알파벳과 성조를 이용한 한어병음자모로 표시한다.

### ★ 발음의 3대 구성요소

성조
hǎo
성모 운모

위의 한어병음자모는 'h'와 'ao', 위에 쓰인 꼭지로 나뉘어 볼 수 있다. 'h'처럼 한어병음자모의 첫소리를 성모라 하고(운모가 첫소리가 되는 경우도 있다), 'ao'처럼 성모를 제외한 뒷부분을 운모라 하며, 꼭지처럼 보이는 부호를 성조라 한다. 성모와 운모가 발음의 기초를 세워준다면, 성조는 단어 간 변별력을 높여준다.

### ★ 한어병음자모(汉语拼音字母)란?

중국에서 1958년 중국어 읽는 법을 나타내는 알파벳 로마자 표기법을 제정하여 공포하였는데 이를 한어병음자모라고 한다. 타이완(台湾)에서는 아직도 1918년에 제정한 주음부호(注音符号)표기법을 사용하고 있다.

### ★ 간체자(简体字)란?

중국인이 사용하는 글자는 고대부터 현대까지 여러 형태의 변화과정을 거쳐 왔다. 과거에는 해서체(楷书体)형태의 글자 즉 번체자(繁体字)를 사용하였으나 중국정부가 문자개혁정책을 펼치면서 필획이 복잡한 글자를 간략화 하여 사용하기 시작했는데 이 글자를 간체자(简体字)라 한다. 간체자의 글자 수는 총 2235자 이다.

### ★ 푸통화(普通话)란?

중국정부가 전국공통의 표준어로 채택한 말을 이르는 명칭입니다. 1949년 중화인민공화국 수립이후 현대 북경어의 발음을 표준음으로 삼고, 북방방언을 그 기초방언으로 하며, 전형적인 현대의 구어체 작품을 그 문법적 틀로 한다는 세 가지 원칙 아래 "푸통화(普通话)"라는 이름의 표준어를 제정하였으며, 학교 · 신문방송매체 등에서 공식 언어로 사용되고 있다.

# 성모와 운모

## 성모란?

성모(声母)는 성대의 변화에 따라 그 음이 달라지는 부분으로, 한어병음에서 대개 그 첫 부분을 가리킨다. 한국어의 자음과 비슷하다. 성모는 다음과 같이 나눌 수 있다.

| 명칭 | 성모 | | | |
|---|---|---|---|---|
| 쌍순음(双唇音) | b | p | m | |
| 순치음(唇齿音) | f | | | |
| 설첨음(舌尖音) | d | t | n | l |
| 설근음(舌根音) | g | k | h | |
| 설면음(舌面音) | j | q | x | |
| 설치음(舌齿音) | z | c | s | |
| 권설음(卷舌音) | zh | ch | sh | r |

(1) **쌍순음**

두 입술을 붙였다가 입술을 떼며 숨을 내뱉을 때 나는 소리이다. o 를 붙여서 1성으로 발음해 봅시다.

**b** 두 입술을 붙였다가 재빨리 떼면서 숨을 내뱉는다.
**p** b 보다 약간 세게 입김을 내뱉으며 발음한다.
**m** b 처럼 발음하되, 입김이 나오지 않고 콧소리를 내면서 발음한다.

(2) **순치음**

아랫입술과 윗니를 약간 떼어 그 사이로 숨을 내뱉으며 발음한다.

**f** 영어의 'f'처럼 발음한다.

### (3) 설첨음

혀의 끝부분을 윗니 뒤쪽에 대었다가 떼면서 숨을 내뱉으며 발음한다. e를 붙여서 1성으로 발음해 봅시다.

**d** 혀끝과 윗니를 이용해 위와 같이 발음한다.
**t** d 처럼 발음하되 숨을 한꺼번에 내뱉으며 발음한다.
**n** d 처럼 발음하되 입에서 숨을 내쉬는 대신 콧소리를 내면서 발음한다.
**l** 혀끝을 윗니 뒤쪽의 딱딱한 잇몸에 붙였다가 떼면서 발음한다.

### (4) 설근음

혓바닥을 평평하게 눕혀 혀 뿌리 부분을 목젖에 붙였다가 떼면서 그 사이로 숨을 뱉으며 발음한다. e 를 붙여서 1성으로 발음해 봅시다.

**g** 위와 같은 방법으로 발음하되 숨을 살짝 내뱉으며 발음한다.
**k** 위와 같은 방법이지만 g 보다 숨을 강하게 뱉으며 발음한다.
**h** 위처럼 발음하지만, 숨을 한꺼번에 뱉지 말고 그 사이로 마찰을 일으켜 발음한다.

### (5) 설면음

혓바닥을 평평하게 눕혀 혀의 양 가장자리를 입천장에 붙였다가 떼면서 발음합니다. i 를 붙여서 1성으로 발음해 봅시다.

**j** 혀끝이 윗니에 닿지 않게 주의하면서 위와 같이 발음한다.
**q** j 처럼 발음하되 숨을 세게 내뱉으면서 발음한다.
**x** 위처럼 발음하되, 혓바닥과 입천장 사이를 좁게 만들어 마찰을 일으켜 발음한다.

#### (6) 설치음

혀끝을 윗니의 뒷부분에 대었다가 떼면서 발음한다. i 를 붙여서 1성으로 발음해 봅시다. (이때 i 는 '으'로 발음한다.)

**z** 위와 같은 방법으로 발음한다.

**c** z 와 같은 방법으로 발음하되 입김을 더 세게 내뱉으며 발음한다.

**s** 혀끝을 붙였다가 떼지 말고 처음부터 혀끝과 윗니 사이에서 마찰을 일으켜 발음한다.

#### (7) 권설음

혀끝을 입천장의 딱딱한 부분에 살짝 댔다가 떼면서 발음한다. 약간 굴린 소리가 난다. i 를 붙여서 1성으로 발음해 봅시다. (이때 i 는 '으'로 발음한다.)

**zh** 혀끝을 입천장의 딱딱한 부분에 댔다가 떼면서 발음한다.

**ch** 위와 같이 발음하되 숨을 강하게 내뱉으며 발음한다.

**sh** 혀끝을 붙였다가 떼지 말고 처음부터 혀끝과 입천장 사이를 좁게 만들어 숨을 내뱉으며 마찰을 일으킨다.

**r** sh 처럼 발음하지만, 마찰을 일으키지 않고 사이로 숨을 내뱉으며 발음한다.

## 운모란?

운모(韵母)는 중국어 발음 요소 중에서 성조와 성모를 제외한 나머지 부분을 말한다. 한국어의 모음에 해당한다고 볼 수 있다. 총 38가지가 있으며 단운모, 복운모, 비운모, 권설운모, 결합운모로 나뉜다. 성모 없이 쓰일 수도 있으며, 이때는 운모의 표기가 약간 달라지기도 한다.

### (1) 단운모

발음이 시작될 때와 끝날 때의 입모양과 혀의 위치가 변하지 않아 단운모라 하며 모두 6가지가 있다.

**a** 혀를 펴서 입 아래쪽으로 낮게 두고 입을 크게 벌려 '아-'로 발음한다.

**o** 입을 중간으로 벌리고 혀를 a 보다 약간 높이 둔 뒤 입모양은 동그랗게 한 뒤 '어-'소리를 냅니다. 마치 '오어'처럼 들리지만 단운모이므로 일관되게 발음한다.

**e** 입을 중간으로 벌리고 혀를 높인 뒤 입을 옆으로 벌리고 '어-'로 발음한다. '으어'처럼 들리지만 이 역시 하나로 발음한다.

**i** 설치음 또는 권설음과 결합해 '으-'로 발음되는 것 이외에는 '이-'로 발음한다. 'i'가 성모 없이 쓰일 때는 'y'로 표기한다.

**u** '우-'로 발음한다. 성모 없이 쓰일 때는 'w'로 표기한다.

**ü** 입은 둥그렇게 오므리고 '위-'를 발음한다. 둘로 나눠서 '위이-' 혹은 '우이'로 나누어 발음하지 않도록 주의한다. 성모 없이 쓰일 때는 'y'로 표기합니다.

### (2) 복운모

두 가지 단운모가 붙어서 된 운모이다. 단운모 각각의 발음을 정확하게 하되 앞쪽을 약간 강하게 읽어준다. ai ei ao ou 가 있으며, 이 중 ei 의 e 는 단운모의 e 발음이 아니라 '에-'로 발음해야 한다.

ai ei ao ou

### (3) 비운모

콧소리가 난다 하여 비운모라 하며, 받침소리가 있으므로 부성운모라고도 한다. an en ang eng ong 이 있으며, 이 중 n 은 한국어의 'ㄴ' 받침처럼 발음하며, ng 는 받침소리 'ㅇ'처럼 발음합니다. en 과 eng 에서 'e'는 단운모의 e 처럼 발음한다.

an　en　ang　eng　ong

### (4) 권설운모

혀의 앞부분을 입천장으로 말아 올려 발음하는 운모이다. 혀를 굴리기 때문에 한국어의 'ㄹ' 받침처럼 들린다. er 은 단독으로 쓰이기도 하지만, 주로 얼화(儿化)된 단어에 쓰인다.

마지막 운모가 a o e u 로 끝날 때는 r 을 첨가해 발음하며, ai 나 ei 일 때는 i 발음을 생략하고 r 을 첨가해 발음한다. 마지막 운모가 비운모로 끝나는 경우는 n 이나 ng 발음을 생략하고 r 을 첨가해 발음한다.

→ huā + er = huār　huì + er = hùr　mén + er = mér

**얼화(儿化)**
베이징을 비롯한 북방지역에서는 명사 끝에 'er'을 붙여서 발음하는 경우가 많다. 이를 얼화(儿化)라고 한다. 보통화(普通话)가 북방관화(北方官话) 방언의 발음을 기초로 만들어졌기 때문에 얼화된 단어가 많이 보인다. 하지만 이는 엄연히 사투리의 하나이므로 아무데나 붙이면 안 된다.

### (5) 결합운모

결합운모란 i u ü 가 다른 운모의 앞에서 결합해 만든 운모를 말한다. 이들은 앞에서 배운 운모와 달리 앞을 강하게 발음하지 않고 중간을 강하게 발음한다.

① i 결합운모

i 발음 뒤에 오는 운모를 이어서 발음한다. 성모가 없이 음절의 첫 부분을 구성할 때는 'y'로 표기한다.

ia io ie iao iou ian in iang ing iong 이 있으며, 이 중 ie 에서 e 는 '에-'로 발음한다. 또 in 은 원래 i 와 en 이 결합된 것이지만 e 의 발음이 거의 소멸되어 '인-'으로 발음하며, in 으로 표기한다. ing 역시 i 에 eng 이 결합되었지만, ing 으로 줄었고 '잉-'으로 발음한다.

ia io ie iao iou

in ing ian iang iong

② u 결합운모

u 발음 뒤에 오는 운모를 이어서 발음한다. 역시 성모 없이 음절의 첫 부분으로 나올 때는 'w' 로 표기한다.

ua uo uai uei uan uen uang ueng 이 있다. 이 중 e 가 들어간 결합운모의 경우 e 은 아주 약하게 발음한다. 또, uei 에서 e 발음은 '에-'로 하지만, uen 이나 ueng 에서는 단운모의 e 로 발음한다. uei 는 ui 로, uen 은 un 으로 줄여서 표기한다.

ua uo uai uei

uan uen uang ueng

③ ü 결합운모

ü 발음 뒤에 다른 운모가 결합된 운모이다. i 처럼 성모 없이 쓰일 때는 'yu'로 표기한다. 성모 중 j q x 이외에는 거의 결합하지 않는다. üe üan ün 이 있으며, 이중 üan 에서 an 은 '안-'이 아니라 '앤-'으로 발음한다. 또, ün 은 원래 ün 에 en 이 결합된 발음이지만 e 발음이 생략되고 '윈-'으로 발음된다.

ue uan un

# 성조

## 성조란?

성조는 음절의 고저승강(高低升降)의 변화이다. 성조가 다름에 따라 의미가 다르므로 성조도 하나의 변별적 요소이다. 보통화에는 음평(阴平), 양평(阳平), 상성(上声), 거성(去声) 등 4개의 성조가 있는데 숫자로 음평은 1성, 양평은 2성, 상성은 3성, 거성은 4성으로 표기한다.

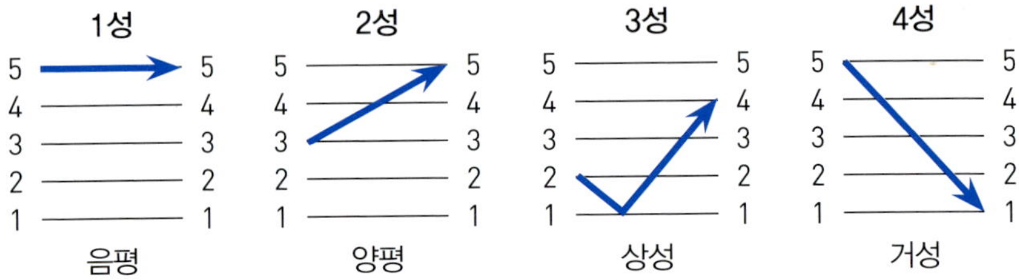


1성은 5도에서 시작해서 5도로 끝난다(55). "ˉ"로 표기한다.

2성은 3도에서 시작해서 5도로 상승한다(35). "ˊ"로 표기한다.

3성은 2도에서 시작해서 1도로 하강했다가 다시 4도로 상승한다(214). "ˇ"로 표기한다.

4성은 5도에서 시작해서 1도로 급격히 하강한다(51). "ˋ"로 표기한다.

## 성조의 변화

성조는 정확한 자기만의 높낮이가 있지만, 글자를 하나씩 끊어 읽는 경우를 제외하고는 서로 영향을 주고받기 때문에 원래의 성조와는 조금 다르게 발음된다.

### (1) 3성의 변화

3성은 네 개의 성조 중 가장 길고 낮게 내려가는 음인데 이를 두 번이나 연속해서 발음하면 속도가 느려지고 발음하기가 어렵다. 그래서 앞의 3성을 2성으로 발음한다.(표기는 원래대로 한다.)

nǐ hǎo ＞ ní hǎo

yǔsǎn ＞ yúsǎn

hěn hǎo ＞ hén hǎo

3성이 1, 2, 4성을 만나면 3성이 반3성으로 변한다. 반3성이란 3성의 뒷부분을 약하게 혹은 생략해 발음하는 것을 말한다.

3성+1성 dǎkāi

3성+2성 lǎngdú

3성+4성 tǎnlùn

이 외에 4성이 4성을 만나면 앞의 4성이 짧게 발음되는 반4성으로 변한다.

zàijiàn xiàzài sànbù

(2) '一'와 '不'의 성조 변화

1. 숫자 '一'은 원래 yī 로 발음해야 하지만, 3성처럼 뒤에 어떤 성조가 오느냐에 따라 발음이 바뀌게 된다.

뒤에 1, 2, 3성으로 된 단어가 오면 yì 로 바뀐다.

→ yī tiān ＞ yì tiān  yī nián ＞ yì nián  yīqǐ ＞ yìqǐ

뒤에 4성이나 4성이었다가 경성이 된 단어가 오면 yí 로 바뀐다.

→ yī huì ＞ yí huì  yī cì ＞ yí cì  yī ge ＞ yí ge

2. '不'도 '一'처럼 변하는데, 뒤에 4성이 오면 bù 가 bú 로 바뀐다.

→ bù dà ＞ bú dà  bù kàn ＞ bú kàn

# 한어병음 표기법

## 성조의 표기

① a가 있으면 a에 표시한다.

② a가 없으면 o, e에 표시한다.

③ i, u가 함께 있으면 뒤에 오는 운모에 표시한다.

④ i 위에 성조 부호를 표시할 경우에는 i의 점은 생략한다.

⑤ 경성은 표기를 하지 않는다.

→ bā sōng lèi liú huì shí bāba

## 한어병음 표기법

① 한어병음은 소문자로 표기한다.

② 하나의 단어는 모두 붙여서 표기한다.

③ 문장의 첫 음절이나, 고유명사의 첫 음절은 대문자로 표기한다.

④ 이름을 적을 경우 성과 이름은 띄어 쓰고, 각각의 첫 음절은 대문자로 표기한다.

## 격음부호

두 글자로 된 단어를 한어병음으로 표기할 때, 뒤 글자의 한어병음이 운모로 시작하는 경우(예, a o e), 앞 글자의 발음과 혼동될 수 있으므로 격음부호( ' )를 사용해 음절을 분리해 준다.

→ Tiān'ānmén(텐안먼) Xī'ān(시안) Shǒu'ěr(서울)

PART

# 2

# 회화

UNIT 01

# 기본 회화 1

## 주요내용

- 인사
- 가벼운 질문과 대답
- 간단한 표현

# UNIT 01 기본회화 1

## ① 인사

你好。

Nǐ hǎo。

니 하오.

大家好。

Dà jiā hǎo。

따 쟈 하오.

早安。

Zǎo ān。

자오 안.

午安。

Wǔ ān。

우 안.

晚安。

Wǎn ān。

완 안.

### 단어노트

- 你 당신
- 好 좋다
- 大家 여러분
- 早 일찍이, 아침
- 安 편안하다
- 午 낮
- 晚 저녁, 늦은

Hello!

안녕하세요.

Hello, everyone.

여러분 안녕하세요.

Good morning!

아침인사

Good afternoon!

오후 인사

Good evening!

저녁인사

**해법노트**

**❶ 你好。**

你好는 중국인들이 하는 일반적인 인사말이다. 요즘 젊은 세대는 간단히 嗨(hāi) 라고도 한다(영어Hi!의 중국어 발음임).

**❷ 중국의 인사예절**

중국은 인사할 때 가볍게 고개를 숙이거나 손을 흔들면 된다. 때로는 가벼운 미소 정도로 인사를 나눈다. 웃어른 혹은 상사, 선배를 만난다고 허리를 크게 굽히지도 않는다.

再见。

Zài jiàn。

짜이 젠.

明天见。

Míng tiān jiàn。

밍 티엔 젠.

谢谢。

Xiè xie。

시에 시에.

不客气。

Bú kè qi。

부 커 치.

哪里哪里。

Nǎ li nǎ li。

나 리 나 리.

**단어노트**

- **再** 다시 • **见** 보다 • **明天** 내일 • **谢谢** 감사하다
- **不客气** 천만에요 • **哪里哪里** 별말씀을요

Goodbye!

안녕히 가세요.

See you tomorrow.

내일 봅시다.

Thanks.

감사합니다.

You're welcome.

천만에요. (별말씀을요!)

You're welcome.

천만에요. (별말씀을요!)

**해법노트**

**❶ 헤어질 때 인사**

헤어질 때 再见을 주로 사용하지만, 요즘 젊은 세대 중 일부는 영어 byebye의 중국어 발음 拜拜(bàibai)를 사용하기도 한다.

**❷ 감사의 표현**

谢谢라고 감사의 표시를 할 때 두 손을 앞으로 모아 포개어 잡고 살짝 흔드는 경우도 있다. 일명 공수(拱手, gǒngshǒu)라 함.

## ② 가벼운 질문과 대답

对不起。

Duì bu qǐ。

뛔이 뿌 치.

没关系。

Méi guān xi。

메이 꽌 시.

没事儿。

Méi shìr。

메이 스얼.

请问一下。

Qǐng wèn yí xià。

칭 원 이 샤.

我可以问你一个问题吗？

Wǒ kě yǐ wèn nǐ yí ge wèn tí ma?

워 커 이 원 니 이 거 원 티 마?

### 단어노트

- **对不起** 미안하다
- **没关系** 괜찮습니다
- **没事儿** 상관없습니다
- **请问** 말씀 좀 묻겠습니다
- **一下** 한번
- **我** 나
- **可以** ~할 수 없다
- **问** 물어보다
- **一个** 한 개
- **问题** 문제

I'm sorry.

미안합니다.

It's okay.

아닙니다.(괜찮습니다.)

No problem.

아닙니다.(괜찮습니다.)

Can I ask you something.

말씀 좀 묻겠습니다.

Can I ask you a question?

제가 질문 하나 드려도 될까요?

### 해법노트

**❶ 一下**

동사 뒤에 一下를 붙이면 가볍게 한번 해보자의 의미를 갖는다.

**❷ 양사**

양사는 물건을 세는 단위임. 어순은 수사+양사+명사의 순이다.

**❸ 可以**

조동사 可以는 일반적으로 동사 앞에 쓰여 동사를 도와준다.

**❹ 吗**

의문어기조사로 문장 맨 끝에 쓰여서 의문문을 만들어 준다.

请再说一遍。

Qǐng zài shuō yí biàn。

칭 짜이 숴 이 벤.

请慢点儿说。

Qǐng màn diǎnr shuō。

칭 만 디얼 숴.

对不对？

Duì bu duì?

뛔이 뿌 뛔이?

对。

Duì。

뛔이.

不对。

Bú duì。

부 뛔이.

### 단어노트

- **请** 요청하다
- **说** 말하다
- **一遍** 한차례
- **慢** 느리다
- (一)**点儿** 조금, 약간
- **对** 맞다
- **不** 부정부사

Say it once again, please.

다시 한 번 말씀해 주세요.

Please speak slowly.

천천히 말씀해 주세요.

Is that right? Is it wrong ?

맞아요? 틀려요?

That's right.

맞습니다.

It's wrong.

틀려요.

**해법노트**

**❶ 一遍**

동사 뒤에 一遍을 붙이면 가볍게 한 번 더 해보라는 의미를 갖는다.

**❷ 点儿**

点儿은 원래 一点儿의 줄임말로 형용사 혹은 동사 뒤에 수량사로 쓰여 '조금'이란 뜻으로 해석된다.

是不是？

Shì bu shì?

스 부 스.

是。

Shì。

스.

不是。

Bú shì。

부 스.

好不好？

Hǎo bu hǎo?

하오 뿌 하오?

好。

Hǎo。

하오.

**단어노트**

• **是** ~이다, 예, 맞다 • **不是** 아니다 • **好** 좋다

Right? Isn't it?

그래요? 안 그래요?

That's right.

그렇습니다.

No, I don't think so.

안 그래요.

All right?

좋아요? 안 좋아요?

Ok. It sounds good.

좋아요.

### 해법노트

**❶ 부정부사 不**

不는 부정의 의미를 나타내며, 주로 현재를 부정할 때 동사 혹은 형용사의 앞에 사용된다. 과거 부정부사는 沒有(méiyǒu)이다.

**❷ 정반 의문문**

술어(동사, 형용사)+부정부사(不)+술어(동사, 형용사), 이러한 형태로 의문문을 만들어 주는 것을 정반의문문(혹은 긍정부정의문문)이라고 하고, '그래? 안그래?' 식으로 해석한다.

不好。

Bù hǎo。

뿌 하오.

行不行?

Xíng bu xíng?

싱 뿌 싱?

行。

Xíng。

싱.

不行。

Bù xíng。

뿌 싱.

对不起。

Duì bu qǐ。

뛔이 뿌 치.

**단어노트**

- **行** 좋다, 괜찮다, 충분하다
- **不行** 안 된다

It's not okay.

안 좋아요.

Okay?

돼요 안돼요?

Okay.(It is possible.)

됩니다.

No, don't do it.

안됩니다.

I'm sorry.

미안합니다.

### 해법노트

**❶ 不好 VS 好不好**

'不好'는 '좋지 않다', '…하기 힘들다', '…하기 어렵다' 등 다양한 뜻이 있으며, '好不好?'는 '좋아? 안좋아?'의 형태의 정반의문문이다.

**❷ 不行 VS 行不行**

'不行'은 '안 된다', '쓸모없다' 등 다양한 뜻이 있으며, '行不行?'은 '될 수 있는가 없는가?' 혹은 '어떠한가?'의 형태인 정반의문문이다.

## ③ 간단한 표현

抱歉。

Bào qiàn。

빠오 첸.

不好意思。

Bù hǎo yì sī。

뿌 하오 이 쓰.

请让一下。

Qǐng ràng yí xià。

칭 랑 이 샤.

你可以帮忙吗?

Nǐ kě yǐ bāng máng ma?

니 커 이 빵 망 마?

麻烦你，帮个忙。

Má fán nǐ，bāng ge máng。

마 판 니, 빵 거 망.

### 단어노트

- **抱歉** 죄송합니다 • **不好意思** 부끄럽다, 쑥스럽다 • **请** 요청하다
- **让** 양보하다 • **一下** 한번 • **帮** 돕다 • **忙** 바쁘다, 긴박함
- **吗** 의문어기조사 • **麻烦** 폐를 끼치다 • **个**(양사) 개

I do apologize.

죄송합니다.

I'm deeply sorry.

송구스럽습니다.

Excuse me.

좀 비켜 주세요.

Can you help me?

도와주실 수 있으세요?

Excuse me, please help me.

귀찮으시겠지만, 도와주세요.

### 해법노트

**❶ 对不起 VS 抱歉 VS 不好意思**

对不起는 그냥 '미안하다(sorry)'는 뜻이고, 抱歉은 비교적 정중하게 사과할 때(apologize) 사용한다. 반면에 不好意思는 영어의 excuse me처럼 '실례합니다' 정도의 의미를 가지고 있다.

**❷ 帮忙 VS 帮个忙**

帮忙은 帮(一)个忙의 줄임말로 일종의 이합사이다. '일을 돕다' 혹은 '도와주다'로 해석할 수 있다.

谢谢你的帮助。

Xiè xie nǐ de bāng zhù。

시에 시에 니 더 빵 주.

请稍等。

Qǐng shāo děng。

칭 샤오 덩.

请你等一下。

Qǐng nǐ děng yí xià。

칭 니 덩 이 샤.

你听得懂我的话吗？

Nǐ tīng de dǒng wǒ de huà ma ?

니 팅 더 동 워 더 화 마?

我听不懂 / 我听得懂。

Wǒ tīng bu dǒng / wǒ tīng de dǒng。

워 팅 부 동 / 워 팅 더 동.

**단어노트**

- **帮助** 돕다, 도움
- **稍** 약간, 잠시
- **等** 기다리다
- **听** 듣다
- **得** 가능보어조사
- **懂** 이해하다
- **话** 말씀

Thanks for your helping.

도와주셔서 감사합니다.

Please wait.

기다리세요.

One moment, please.

잠시만 기다리세요.

Do you understand what I say?

제 말을 이해하시겠어요?

I don't understand. / I understand.

못 알아듣겠습니다. / 알아듣겠습니다.

### 해법노트

**❶ 帮助 VS 帮忙**

帮助는 동사로 쓰일 때는 '돕다' 혹은 '원조하다'란 뜻으로 해석되고, 명사로 쓰일 때는 '도움' 혹은 '원조'란 뜻으로 쓰인다. 반면, 帮忙은 동사(帮)+명사(忙)로 이루어진 이합사이다.

**❷ 가능보어 VS 불가능보어**

가능보어는 동사+得+가능보어(형용사)의 구조로 어떠한 동작의 실현 가능성을 의미하며, 불가능보어는 동사+不+가능보어(형용사)의 구조로 어떠한 동작이 실현 불가능성하다는 의미를 나타낸다.

## 중화인민공화국(中華人民共和國)

**영문명** : People's Republic of China(PRC)

**건국일** : 1949년 10월 1일

**수　도** : 베이징(北京)

**면　적** : 960만㎢(한반도의 44배)

**국경선** : 20,280㎞(14개 국가와 국경선)

**인　구** : 약 14억 명

**민　족** : 대부분 한족(漢族), 55개 소수민족 총인구의 8%

**언　어** : 한어(漢語)

# 연습문제 UNIT 01

**01** 아래 보기의 단어와 뜻이 서로 어울리는 것을 골라 짝을 맞추어 보세요.

| | |
|---|---|
| Nǐ hǎo • | • 안녕! 잘 가! |
| Dà jiā hǎo • | • 여러분 안녕하세요. |
| Zài jiàn • | • 안녕하세요. |
| Xiè xie • | • 별말씀을요. |
| Bú kè qi • | • 감사합니다. |

**02** 주어진 단어의 뜻을 빈칸에 적어보세요.

① 请问 ( )
② 是 ( )
③ 抱歉 ( )
④ 帮 ( )
⑤ 等 ( )

**03** 주어진 단어의 한어병음(성조포함)을 빈칸에 적어보세요.

① 听 ( )
② 懂 ( )
③ 个 ( )
④ 行 ( )
⑤ 不是 ( )

## 04 다음 문장을 해석해 보세요.

① 请再说一遍。

________________________________

② 请问一下。

________________________________

③ 哪里哪里。

________________________________

④ 你可以帮忙吗?

________________________________

⑤ 请你等一下。

________________________________

## 05 다음 문장을 중국어로 작문해보세요.

① 제 말을 이해하시겠어요?

________________________________

② 도와주셔서 감사합니다.

________________________________

③ 송구스럽습니다.

________________________________

④ 그래요? 안 그래요?

________________________________

⑤ 맞아요? 틀려요?

________________________________

UNIT 02

# 기본 회화 2

## 주요내용

- 이름 물어보기
- 나이 및 경험 묻기
- 시간, 요일

# UNIT 02 기본회화 2

## ① 이름 물어보기

您贵姓？

Nín guì xìng?

닌 꿰이 싱?

我姓赵。

Wǒ xìng zhào。

워 싱 짜오.

你叫什么名字？

Nǐ jiào shén me míng zi?

니 쟈오 선 머 밍 쯔.

我叫金李朴。

Wǒ jiào Jīn Lǐpiáo。

워 쟈오 진 리퍄오.

初次见面，认识你很高兴。

Chū cì jiàn miàn，rèn shi nǐ hěn gāo xìng。

추 츠 젠 멘, 런 스 니 헌 까오 싱.

### 단어노트

• **您** 2인칭 존칭어 • **贵** 귀하다 • **姓** 성(씨), (성씨가) ~이다 • **赵** (성씨) 조
• **叫** ~라고 부르다 • **金李朴** 김이박 • **初次** 처음 • **见面** 만나다
• **认识** 알다, 인식하다 • **很** 매우 • **高兴** 기쁘다

What's your last name?
당신의 성이 어떻게 됩니까?

My last name is Cho.
저는 성이 조가입니다.

What's your name?
성함이 어떻게 되세요?

My name is Kim Yipark.
저는 김이박 입니다.

Hi! Hello! Nice to meet you.
처음 뵙겠습니다. 만나서 반갑습니다.

### 해법노트

**❶ 성씨 물어보기**
'您贵姓?'은 존댓말로서 상대방의 성씨를 물어볼 때 사용하고, '你姓什么?는 일반적인 상황에서 상대방의 성씨를 물어볼 때 사용한다. 그에 대한 대답은 둘 다 '我姓+성씨'라고 한다.

**❷ 이름 물어보기**
이름을 물어볼 때 일반적으로 '你叫什么名字?'라고 하지만, 그냥 가볍게 물어볼 때는 '你叫什么?'라고도 한다.

认识你我也很高兴。

Rèn shi nǐ wǒ yě hěn gāo xìng。

런 스 니 워 예 헌 까오 싱.

你是哪国人？

Nǐ shì nǎ guó rén?

니 스 나 궈 런?

我是韩国人。

Wǒ shì hán guó rén。

워 스 한 궈 런.

你家在哪儿？

Nǐ jiā zài nǎr?

니 쟈 짜이 나얼?

我家在首尔。

Wǒ jiā zài shǒu ěr。

워 쟈 짜이 서우 얼.

### 단어노트

- **也** 또한 · **哪** 어느 · **哪国人** 어느 나라 사람 · **韩国人** 한국인
- **家** 집 · **在** ~에 있다 · **首尔** 서울

Nice to meet you, too.

만나서 저도 반갑습니다.

Which country are you from?

당신은 어느 나라 사람인가요?

I am Korean.

저는 한국 사람입니다.

Where is your house?

당신의 집은 어디인가요?

I live in Seoul.

저희 집은 서울입니다.

### 해법노트

**❶ 동사 在**

'在'는 '~에 (의치해) 있다'란 뜻으로 '在'뒤에는 장소 혹은 위치를 나타내는 장소명사가 온다.

**❷ 의문대명사 哪儿**

'哪儿'은 '어느' 혹은 '어느 곳'이란 뜻으로 문장에 들어가 의문문을 만들어 준다. 비슷한 표현으로 '哪里(nǎli)'가 있다.

## ② 나이 및 경험 묻기

你今年多大?

Nǐ jīn nián duō dà?

니 진 녠 둬 따?

今年二十五岁。

Jīn nián èr shí wǔ suì。

진 녠 얼 스 우 쉐이.

你去过韩国吗？

Nǐ qù guo hán guó ma?

니 취 궈 한 궈 마?

我去过韩国。

Wǒ qù guo hán guó。

워 취 궈 한 궈.

你以前来过中国吗？

Nǐ yǐ qián lái guo zhōng guó ma?

니 이 첸 라이 궈 쫑 궈 마?

**단어노트**

- **今年** 금년
- **多大** 몇 살이니?
- **二十五** 25
- **岁** (나이) 세
- **过** 과거조사(경험)
- **以前** 이전
- **来** 오다

How old are you this year?

올해 몇 살인가요?

I am 25 years old this year.

올해 25살입니다.

Have you ever been to Korea ?

당신은 한국에 가본 적이 있나요?

I have been to Korea.

저는 한국에 가본 적이 있습니다.

Have you ever been to China before ?

당신은 이전에 중국에 온 적이 있습니까?

### 해법노트

**❶ 나이 물어보기**

'你今年多大?' 는 일반적으로 사용하는 표현이고, 나이가 어린 아랫사람에게 물어볼 때는 '你几岁?'라고 가볍게 물어볼 수 있다.

**❷ 동태조사 过**

过는 동사를 꾸며주는 역할을 하는 동태조사이며, 동작의 과거형을 나타내거나, 경험을 이야기할 때 사용된다. 어순은 동사+过 순이다.

**我以前没来过中国。**

Wǒ yǐ qián méi lái guo zhōng guó。

워 이 첸 메이 라이 꿔 쫑 궈.

**你会说汉语吗？**

Nǐ huì shuō hàn yǔ ma?

니 훼이 숴 한 위 마?

**我会说汉语。**

Wǒ huì shuō hàn yǔ。

워 훼이 숴 한 위.

**我不会说汉语。**

Wǒ bú huì shuō hàn yǔ。

워 부 훼이 숴 한 위.

**你学过汉语吗？**

Nǐ xué guo hàn yǔ ma?

니 쉐 꿔 한 위 마?

### 단어노트

- **没** 과거부정부사
- **会** ~할 수 있다
- **说** 말하다
- **汉语** 중국어
- **学** 배우다, 학습하다, 공부하다

I've never been to China before.

저는 이전에 중국에 온 적이 없습니다.

Can you speak Chinese?

당신은 중국어를 할 줄 아나요?

I can speak Chinese.

저는 중국어를 말할 줄 압니다.

I cannot speak Chinese.

저는 중국어를 말할 줄 모릅니다.

Have you ever learned Chinese?

당신은 중국어를 배운 적이 있나요?

### 해법노트

**❶ 과거 부정부사 沒(有)**

沒(有)는 원래 '없다' 혹은 '가지고 있지 않다'는 뜻의 동사이지만, '沒(有)+동사' 구조로 사용될 때는 과거를 부정하는 부정부사 '아직...않다'로 해석해야 한다.

**❷ 조동사 会**

조동사 会는 '…할 가능성이 있다' 혹은 '…할 것이다'라는 뜻으로, 일반적으로 会 뒤에는 동사가 온다.

我学过汉语。
Wǒ xué guo hàn yǔ。
워 쉐 꿔 한 위.

你是从哪儿来的？
Nǐ shì cóng nǎr lái de?
니 스 총 나얼 라이 더?

我是从韩国来的。
Wǒ shì cóng hán guó lái de。
워 스 총 한 궈 라이 더.

一 二 (两) 三 四 五
yī èr (liǎng) sān sì wǔ
이 얼 (량) 산 쓰 우

六 七 八 九 零 十 百 千 万
liù qī bā jiǔ líng shí bǎi qiān wàn
류 치 빠 지요 링 스 바이 첸 완

**단어노트**

• **从** ~에서부터 • **哪儿** 어디 • **是~的** ~의(~한) 것 • **韩国** 한국
• **两** 둘, 2 • **零** 영 • **十** 십 • **百** 백 • **千** 천 • **万** 만

I have learned Chinese.

저는 중국어를 배운 적이 있습니다.

Where are you from ?

당신은 어디서 왔습니까?

I am from korea.

저는 한국에서 왔습니다.

one two (two) three four five

일 이 (둘) 삼 사 오

six seven eight nine zero(0)

ten, hundred, thousand, ten thousand

육 칠 팔 구 영

십 백 천 만

**해법노트**

**❶ 개사 从**

개사(전치사) 从은 '…부터'라는 뜻으로 장소 · 시간의 출발점을 나타낸다.

**❷ 是~的 구문**

是~的 구문은 어떤 행위가 이미 발생하였고, 그 행위가 발생한 시간, 장소, 방식 등을 구체적으로 강조해서 말하는 구문이다.

## ③ 시간, 요일

请问，现在几点?

Qǐng wèn，xiàn zài jǐ diǎn?

칭 원, 시엔 짜이 지 덴?

现在三点二十五分。

Xiàn zài sān diǎn èr shí wǔ fēn。

시엔 짜이 산 덴 얼 스 우 펀.

请问，今天几号？

Qǐng wèn，jīn tiān jǐ hào?

칭 원, 진 티엔 지 하오?

今天八月十七号。

Jīn tiān bā yuè shí qī hào。

진 티엔 빠 웨 스 치 하오.

### 단어노트

- **现在** 현재 • **点** (시간) 시 • **分** (시간) 분 • **今天** 오늘
- **月** (날짜) 월 • **号** (날짜) 일

Excuse me, what time is it?

실례지만, 지금 몇 시인가요?

It's three twenty-five.

지금은 3시 25분입니다.

Excuse me, what date is it today?

실례지만, 오늘 며칠인가요?

Today is August 17th.

오늘은 8월 17일입니다.

### 해법노트

**❶ 시간 묻기**

시간을 표현할 때 '시'는 숫자 뒤에 点(diǎn)을 써서 나타내며, 2시는 兩点으로 읽는다. '분'은 숫자 뒤에 分을 사용하고, 30분은 '半(bàn)', 15분은 '一刻(yíkè)', 45분은 '三刻(sānkè)'로 쓴다.

**❷ 날짜 묻기**

중국어로 연월일을 읽을 때는 우리나라와 마찬가지로 숫자를 하나하나 읽으면 된다.

请问，今天星期几？

Qǐng wèn，jīn tiān xīng qī jǐ?

칭 원, 진 티엔 싱 치 지?

今天星期一。

Jīn tiān xīng qī yī。

진 티엔 싱 치 이.

今天星期二。

Jīn tiān xīng qī èr。

진 티엔 싱 치 얼.

今天星期三。

Jīn tiān xīng qī sān。

진 티엔 싱 치 산.

今天星期四。

Jīn tiān xīng qī sì。

진 티엔 싱 치 스.

**단어노트**

- **请问** 말씀 좀 묻겠습니다 · **今天** 오늘 · **星期** 요일 · **几** 몇
- **星期几** 무슨 요일입니까? · **星期一** 월요일

Excuse me, what day is it today?

실례지만, 오늘 무슨 요일인가요?

Today is Monday.

오늘은 월요일 입니다.

It is Tuesday today.

오늘은 화요일 입니다.

Today is Wednesday.

오늘은 수요일 입니다.

Today is Thursday.

오늘은 목요일입니다.

### 해법노트

**❶ 의문대명사 几**

주로 10이하의 확실하지 않은 수를 물을 때 쓰이며, 그 이상의 수를 물을 경우에는 '多少(duōshao)'를 쓴다.

**❷ 요일 묻기**

星期 뒤에 一부터 六까지 차례로 써서 월요일부터 토요일까지 나나낸다. 일요일은 星期天(xīngqītiān) 혹은 星期日(xīngqīrì)을 쓴다.

今天星期五。
Jīn tiān xīng qī wǔ。
진 티엔 싱 치 우.

今天星期六。
Jīn tiān xīng qī liù。
진 티엔 싱 치 류.

今天星期天。(今天星期日)
Jīn tiān xīng qī tiān。 (jīn tiān xīng qī rì)
진 티엔 싱 치 티엔.(진 티엔 싱 치 르)

你家有几口人？
Nǐ jiā yǒu jǐ kǒu rén?
니 쟈 요 지 커우 런?

我家有五口人。
Wǒ jiā yǒu wǔ kǒu rén。
워 쟈 요우 우 커우 런.

**단어노트**

- **星期天** 일요일
- **星期日** 일요일
- **你家** 너희 집
- **口** 식구
- **几口人** 식구가 몇 명입니까
- **我家** 우리 집
- **五口人** 다섯 식구

It is Friday today.

오늘은 금요일입니다.

Today is Saturday.

오늘은 토요일 입니다.

Today is Sunday.

오늘은 일요일 입니다.

How many people are there in your family?

식구가 몇 명인가요?

There are five members in my family.

우리 집은 식구가 5명입니다.

### 해법노트

**❶ 星期天 VS 星期日**

星期天은 구어에서 주로 사용되고, 쓸 때는 星期日를 주로 사용한다. 가끔 서로 혼용하여 사용하기도 한다.

**❷ 식구 묻기**

식구를 물어볼 때는 '几口人?'이라고 물어보고, 대답할 때는 의문대명사 '几'의 자리에 해당하는 숫자를 넣으면 된다.

**你家有谁？**

Nǐ jiā yǒu shéi?

니 쟈 요우 세이?

**我家有爸爸、妈妈、哥哥、妹妹和我。**

Wǒ jiā yǒu bà ba、mā ma、gē ge、mèi mei hé wǒ。

워 쟈 요우 빠빠, 마마, 꺼꺼, 메이메이 허 워.

**你好，我是韩国○○大学英文系的学生。**

Nǐ hǎo，wǒ shì hán guó ○○ dà xué yīng wén xì de xué shēng。

니 하오, 워 스 한 궈 ○○ 따 쉐 잉 원 시 더 쉐 성.

**历史系、企业管理系、法律系、化学系、电子系、音乐系。**

Lì shǐ xì、qǐ yè guǎn lǐ xì、fǎ lǜ xì、huà xué xì、diàn zǐ xì、yīn yuè xì。

리 스 시, 치 예 관 리 시, 파 뤼 시, 화 쉐 시, 덴 쯔 시, 인 웨 시.

### 단어노트

- **谁** 누구
- **爸爸** 아빠
- **妈妈** 엄마
- **哥哥** 형, 오빠
- **妹妹** 여동생
- **大学** 대학
- **英文系** 영문과
- **学生** 학생
- **历史系** 역사과
- **企业管理系** 경영학과
- **法律系** 법학과
- **化学系** 화학과
- **电子系** 전자과
- **音乐系** 음악과

Who is in your family?

당신 집에는 누가 있나요?

There are father, mother, older brother, younger sister and me in my family.

우리 집에는 아빠, 엄마, 형, 여동생 그리고 제가 있습니다.

Hello. I am a student of English department at ○○ University in Korea.

안녕하세요. 저는 한국○○대학 영문과 학생입니다.

Department of history, business, law, chemistry, electronics, music.

역사학과, 경영학과, 법학과, 화학과, 전자과, 음악과.

### 해법노트

**❶ 의문대명사 谁**

谁는 '누구'란 뜻의 의문대명사이다. 일부 지역에서는 谁를 쓰지 않고 '什么人(shénmerén)' '啥人(shárén)'을 사용하기도 한다.

**❷ 접속사 和**

접속사 和는 '…와' 혹은 '…과'의 뜻으로, 명사 · 대명사 · 명사화된 동사 · 형용사 등의 병렬을 나타낸다. 이 때 병렬되는 것이 둘일 경우에는 둘 사이에, 셋 이상일 경우에는 마지막 둘 사이에 위치한다.

你喜欢看韩国电视剧吗？

Nǐ xǐ huan kàn hán guó diàn shì jù ma?

니 시 환 칸 한 궈 덴 스 쥐 마?

我喜欢看韩国电视剧。

Wǒ xǐ huan kàn hán guó diàn shì jù。

워 시 환 칸 한 궈 덴 스 쥐.

你喜欢韩国明星吗？

Nǐ xǐ huan hán guó míng xīng ma?

니 시 환 한 궈 밍 싱 마?

我喜欢。

Wǒ xǐ huan。

워 시 환.

### 단어노트

- **喜欢** 좋아하다
- **看** 보다
- **韩国** 한국
- **电视剧** TV드라마
- **明星** 스타

## Do you like to watch Korean dramas?

당신은 한국 드라마 보는 것을 좋아하나요?

## I like to watch Korean dramas.

저는 한국 드라마 보는 것을 좋아합니다.

## Do you like Korean stars?

당신은 한국 스타를 좋아하나요?

## I like it.

좋아합니다.

### 해법노트

**❶ 동사 喜欢**

동사 喜欢은 '좋아하다' · '호감을 가지다' · '마음에 들다' · '애호하다' · '사랑하다' 등 여러 가지의 의미가 있다. '爱(ài)'보다는 좀 더 부드러운 느낌이 드는 표현이다.

**❷ 喜欢+동사+명사**

'喜欢+동사+명사'의 구조는 술어역할을 하는 '喜欢'과 목적어 역할을 하는 '동사+명사'로 구분할 수 있다. 예, '我喜欢看电视剧'에서 喜欢을 술어이고, '看电视剧'은 목적어(절)이다.

**你喜欢谁？**

Nǐ xǐ huan shéi?

니 시 환 세이?

**我喜欢 ○○○。**

Wǒ xǐ huan ○○○。

워 시 환 ○○○

**我们以后保持联系吧!**

Wǒ men yǐ hòu bǎo chí lián xì ba!

워 먼 이 허우 바오 츠 렌 시 바!

### 단어노트

- **谁** 누구
- **我们** 우리(들)
- **以后** 이후
- **保持** 유지하다
- **联系** 연락(하다)
- **吧** ~하자, ~해라

## Who do you like?

당신은 누구를 좋아하나요?

## I like ○○○.

저는 ○○○을 좋아합니다.

## We'll keep in touch!

우리 앞으로 계속 연락하죠!

### 해법노트

**❶ 명사 以后**

'以后'는 시간 명사로 현재나 어떤 시간보다 늦은 시간을 가리키며, 명사나 동사, 그리고 짧은 구 뒤에 올 수 있다.

**❷ 조사 吧**

문장 끝에 쓰여 상의 · 제안 · 청구 · 권유 · 명령 · 독촉의 어기를 나타내거나, 동의 또는 승낙의 어기를 표현한다. '~하자', '~해라' 등의 형태로 쓰인다.

## 중국의 행정구역

중국의 행정구역은 총 23개의 성, 4개의 직할시, 5개의 자치구, 2개의 특별행정구로 이루어져 있으며, '하나의 중국' 원칙에 따라 대만(타이완)도 하나의 성으로 인정하면 총 23개의 성이 있다.

| 구 | 직할시 | 성 | 자치구 |
|---|---|---|---|
| 화북구 華北區 | 북경시, 천진시 | 하북성, 산서성 | 내몽고자치구 |
| 동북구 東北區 | | 요령성, 길림성, 흑룡강성 | |
| 화동구 華東區 | 상해시 | 강소성, 절강성, 안휘성, 복건성, 강서성, 산동성 | |
| 중남구 中南區 | | 하남성, 호북성, 호남성, 광동성, 해남성 | 광서장족자치구 |
| 서남구 西南區 | 중경시 | 사천성, 귀주성, 운남성 | 서장자치구 |
| 서북구 西北區 | | 섬서성, 감숙성, 청해성, 대만성 | 영하회족자치구, 신강위구르자치구 |

그밖에 5개의 경제특구가 있다. 광동성 산터우 경제특구, 광동성 선전 경제특구, 광동성 주하이 경제특구, 광동성 샤먼 경제특구, 해남성 경제특구.

# 연습문제

UNIT 02

**01** 아래 보기의 단어와 뜻이 서로 어울리는 것을 골라 짝을 맞추어 보세요.

| | |
|---|---|
| 您 • | • 일요일 |
| 韩国 • | • 금년 |
| 今年 • | • 어디 |
| 哪儿 • | • 한국 |
| 星期天 • | • 2인칭 존칭어 |

**02** 주어진 단어의 뜻을 빈칸에 적어보세요.

① 谁 (　　　　　　　)
② 明星 (　　　　　　　)
③ 爸爸 (　　　　　　　)
④ 今天 (　　　　　　　)
⑤ 汉语 (　　　　　　　)

**03** 주어진 문장의 한어병음(성조포함)을 빈칸에 적어보세요.

① 我会说汉语。 (　　　　　　　　　　　)
② 今年二十五岁。 (　　　　　　　　　　　)
③ 我是韩国人。 (　　　　　　　　　　　)
④ 你叫什么名字? (　　　　　　　　　　　)
⑤ 你喜欢谁? (　　　　　　　　　　　)

**04** **다음 문장을 해석해 보세요.**

① 我们以后保持联系吧!

______________________________

② 你家有谁?

______________________________

③ 今天星期几?

______________________________

④ 现在几点?

______________________________

⑤ 我去过韩国。

______________________________

**05** **다음 문장을 중국어로 작문해보세요.**

① 당신은 누구를 좋아하나요?

______________________________

② 식구가 몇 명인가요?

______________________________

③ 저는 한국에서 왔습니다.

______________________________

④ 만나서 저도 반갑습니다.

______________________________

⑤ 저는 성이 조가입니다.

______________________________

UNIT **03**

# 비행기에서 1

## 주요내용

- 좌석 찾기
- 자리에 앉기
- 기내식 부탁하기

# UNIT 03 비행기에서 1

## ① 좌석 찾기

请帮我找一下我的座位。
Qǐng bāng wǒ zhǎo yí xià wǒ de zuò wèi。
칭 빵 워 자오 이 샤 워 더 쭤 웨이.

这是我的登机牌。
Zhè shì wǒ de dēng jī pái。
쩌 스 워 더 덩 지 파이.

这是我的座位。
Zhè shì wǒ de zuò wèi。
쩌 스 워 더 쭤 웨이.

不好意思，请让一下。
Bù hǎo yì si，qǐng ràng yí xià。
뿌 하오 이 쓰, 칭 랑 이 샤.

### 단어노트

- **请** 해 주세요 • **帮** 돕다 • **我** 나 • **找** 찾다 • **一下** 한 번 (하다)
- **的** 의 • **座位** 좌석 • **这** 이것 • **是** ~이다 • **登机牌** 탑승권
- **不好意思** 미안하다 • **让** 양보하다

Please find my seat.

제 자리 좀 찾아주세요.

This is my boarding pass.

이것은 저의 탑승권입니다.

This is my seat.

이것은 저의 좌석입니다.

Could you get out of the way, please?

실례합니다, 길 좀 비켜 주세요.

### 해법노트

**❶ 这 VS 那**

这는 '이' 혹은 '이것'의 의미로 쓰이고, 주로 '这是~~' 형태로 사용된다. 상대되는 단어인 那(nà)는 '저' 혹은 '저것'의 의미로 쓰이고, 주로 '那是~~' 형태로 사용된다.

**❷ 不好意思**

不好意思는 '부끄럽다' · '쑥스럽다' · '창피하다' · '멋쩍다' · '낯간지럽다' · '무안하다' 등 다양한 의미로 쓰인다. '미안하다(对不起)'는 말을 해야 하는 상황에서 안하기는 좀 그렇고, 그럴 때 가끔 사용하는 표현이 不好意思이다.

### 对不起。我坐错了。

Duì bu qǐ。wǒ zuò cuò le。

뒈이 뿌 치. 워 쭤 추어 러.

### 这是我的座位。您看看我的登机牌。

Zhè shì wǒ de zuò wèi。Nín kàn kan wǒ de dēng jī pái。

쩌 스 워 더 쭤 웨이. 닌 칸 칸 워 더 덩 지 파이.

### 能不能换一下座位？

Néng bu néng huàn yí xià zuò wèi?

넝 뿌 넝 환 이 샤 쭤 웨이?

### 可以(or 不可以)。

Kě yǐ(or bù kě yǐ)。

커 이 (or 뿌 커 이).

#### 해법노트

- **对不起** 미안하다 • **坐** 앉다 • **错** 틀리다 • **了** 완료형 조사
- **您** 2인칭 존칭어 • **看** 보다 • **能** ~할 수 있다 • **不** 부정부사
- **换** 바꾸다 • **可以** ~할 수 있다

I'm sorry. I didn't sit well.

미안합니다. 제가 잘 못 앉았습니다.

This is my seat. Would you like to see my boarding pass?

이것은 저의 좌석입니다. 저의 탑승권을 보시겠어요.

Would you mind exchanging seats?

좌석을 바꿀 수 있을까요?

Yes, ok.(or "No, I can't.")

그렇게 하세요.(or 안됩니다.)

## 해법노트

**❶ 결과보어 错**

错는 원래 '틀리다' 혹은 '맞지 않다'란 뜻의 형용사이나, 가끔 동사 뒤에 쓰여 결과보어 역할을 한다.

**❷ 조사 了**

①동사 또는 형용사 뒤에 쓰여 동작 또는 변화가 이미 완료되었음을 나타내거나, ②실제로 이미 발생한 동작이나 변화에 사용된다. ①의 어순은 동사+了, ②의 어순은 '문장 끝'+了이다.

**❸ 동사의 중첩 看看**

동사의 중첩은 동작을 경험하는 시간이 짧거나, 어떠한 동작을 가볍게 한번 해본다는 의미를 가지고 있다.

## ② 자리에 앉기

**椅背可以放倒吗？**

Yǐ bèi kě yǐ fàng dào ma?

이 뻬이 커 이 팡 따오 마?

**请问，有没有衣架？**

Qǐng wèn, yǒu méi yǒu yī jià?

칭 원, 요우 메이 요우 이 쟈?

**有没有空的行李架。**

Yǒu méi yǒu kōng de xíng lǐ jià。

요우 메이 요 콩 더 싱 리 쟈.

### 단어노트

- **椅背** (의자) 등받이
- **放** 놓다
- **倒** 넘어지다
- **吗** ~입니까?
- **问** 묻다
- **有** (가지고) 있다
- **没有** 없다 (가지고 있지 않다)
- **衣架** 옷걸이
- **空** 비어 있는
- **行李架** 기내 선반, 트렁크

Can I put my chair back ?

의자를 뒤로 젖혀도 될까요?

Do you have hangers ?

옷걸이가 있나요?

Do you have any empty cabinets?

비어있는 기내선반이 있나요?

### 해법노트

**❶ 결과 보어 倒**

倒는 원래 '거꾸로 되다' 혹은 '뒤집히다'라는 뜻의 동사이나, 가끔 동사 뒤에 쓰여 결과보어 역할을 한다.

**❷ 정반의문문 有没有**

有没有는 긍정적인 표현 有와 부정적인 표현 没有가 결합된 정반의문문이다. '~있어요? 없어요?' 혹은 그냥 '~있어요?'라고 해석할 수 있다.

## ③ 기내식 부탁하기

**请给我一杯矿泉水。**

Qǐng gěi wǒ yì bēi kuàng quán shuǐ。

칭 게이 워 이 뻬이 쾅 취엔 쉐이.

**您要吃鸡肉还是牛肉？**

Nín yào chī jī ròu hái shì niú ròu?

닌 야오 츠 지 러우 하이 스 니우 러우?

**(我要吃) 牛肉。**

(Wǒ yào chī) Niú ròu。

(워 야오 츠) 니우 러우.

**您要喝咖啡还是红茶？**

Nín yào hē kā fēi hái shì hóng chá?

닌 야오 허 카 페이 하이 스 홍 차.

### 단어노트

- **给** 주다 • **一** 숫자 1 • **杯** 잔 • **矿泉水** 생수
- **要** 해야한다, 하려고 한다 • **吃** 먹다 • **鸡肉** 닭고기
- **还是** 아니면 (또는) **牛肉** 소고기 **喝** 마시다 **咖啡** 커피 • **红茶** 홍차

Can I get a cup of water, please?

생수 한 잔 주세요.

Would you like some chicken or beef?

닭고기 드실래요? 아니면 소고기 드실래요?

I'll have beef.

소고기 먹겠습니다.

Would you like coffee or tea?

커피 드실래요 아니면 홍차 드실래요?

### 해법노트

**❶ 동사 给**

给는 '~에게 ~을 주다'란 뜻의 동사로 간접목적어와 직접목목적어를 동반할 수 있다. 어순은 给+간접목적어+직접목적어 순이다.

**❷ 조동사 要**

要는 '해야 한다' 혹은 '하려고 하다'란 뜻의 조동사로 동사 앞에 쓰여 주관적 의지를 나타낼 때 사용한다.

**❸ 접속사 还是**

접속사 还是는 '또는' 혹은 '아니면'이라는 뜻으로, 의문문에 쓰여 선택을 나타내는 선택의문문을 만들 수 있다.

(我要喝) 咖啡。

(Wǒ yào hē) Kā fēi。

(워 야오 허) 카 페이.

有没有糖？

Yǒu méi yǒu táng?

요우 메이 요우 탕?

有没有奶精？

Yǒu méi yǒu nǎi jīng?

요우 메이 여우 나이 징?

加一点咖啡。

Jiā yì diǎn kā fēi。

쟈 이 덴 카 페이.

### 단어노트

• **糖** 설탕 • **奶精** 커피 크림 (커피 프림) • **加** 더하다 • **一点** 조금

I'll have coffee.

커피 마시겠습니다.

Do you have any sugar ?

설탕 있습니까?

Do you have any coffee cream ?

커피 크림 있습니까?

More coffee, please.

커피 좀 더 주세요.

### 해법노트

**❶ 동사+一点(儿)+명사**

一点(儿)은 조금이란 뜻으로 서술에 뒤에서 수량사로 쓰인다. 이때 一点(儿) 뒤에 있는 명사는 가끔 생략하기도 한다.

**❷ 중국의 커피**

중국은 커피보다는 주로 차를 마시지만 최근 커피를 마시는 사람들이 늘어나고 있다. 우리나라와 마찬가지로 커피믹스도 마시고 원두커피도 즐겨 마신다.

请给我一杯汽水。

Qǐng gěi wǒ yì bēi qì shuǐ。

칭 게이 워 이 뻬이 치 쉐이.

来一杯红酒（or 葡萄酒）。

Lái yì bēi hóng jiǔ（or pú táo jiǔ）。

라이 이 뻬이 홍 지요 (or 푸 타오 지요).

来一听啤酒。

Lái yì tīng pí jiǔ。

라이 이 팅 피 지요.

**단어노트**

- **汽水** 스프라이트, 사이다 • **来** 가져오세요, 오다
- **红酒** 붉은 포도주 (레드 와인) • **葡萄酒** 포도주
- **听** 캔 • **啤酒** 맥주

Can I get a glass of sprite?

사이다 한 잔 주세요.

Can I have a glass of wine?

포도주 한 잔 주세요.

May I have a can of beer?

맥주 한 캔 주세요.

## 해법노트

**❶ 동사 来**

来는 원래 '오다'라는 뜻의 동사이지만, 가끔 '가지고 오세요' 혹은 '주세요'라는 뜻으로 사용되기도 한다.

**❷ 양사**

양사는 사람이나 사물을 세는 단위로, 중국어에는 아주 다양한 양사가 존재한다. 어순은 수사+양사+명사 순이다.

## 베이징에 가볼까!

북경, 중국어로 '베이징'이라고 한다. 전국시대 연(燕)나라의 수도였으며, 요(遼) · 금(金) · 원(元) · 명(明) · 청(清) 시기와 중화민국 초기까지 근 800년 동안 중국의 수도였다. 지금은 중화인민공화국의 직할시이자 수도이다. 면적은 16,808㎢이고, 인구는 약 1800만 명이다. 총 18개의 구와 2개의 현으로 이루어졌으며, 정치 · 교육의 도시이자, 문화와 대외 교류의 중심지인 국제화된 대도시다.

1929년 저우커우뎬(周口店)에서 발견된 베이징원인(北京原人) 화석을 통해 이곳에서 60만~23만 년 전에 이미 이곳에서 불을 사용한 흔적을 엿볼 수 있다.

가 볼만한 곳으로는 중국의 역사와 왕궁을 엿볼 수 있는 만리장성과 옛 고궁 자금성이 있고, 중국 근현대 역사의 산증인인 천안문광장 등이 있다. 베이징을 대표하는 요리에는 북경오리구이(Beijing duck)가 있고, 왕푸징 거리에서는 베이징의 도시문화와 다양한 길거리 음식을 맛볼 수 있다.

날씨는 한국 날씨와 비슷하며, 봄에는 황사가 있고 여름엔 덥고 습하며, 겨울에는 춥고 건조하다. 베이징 여행은 가을이 최적기이다.

# 연습문제

UNIT 03

**01** 아래 보기의 단어와 뜻이 서로 어울리는 것을 골라 짝을 맞추어 보세요.

| | |
|---|---|
| 座位 • | • 설탕 |
| 换 • | • (의자) 등받이 |
| 椅背 • | • 바꾸다 |
| 鸡肉 • | • 닭고기 |
| 糖 • | • 좌석 |

**02** 주어진 단어의 뜻을 빈칸에 적어보세요.

① 汽水 (                    )
② 啤酒 (                    )
③ 奶精 (                    )
④ 咖啡 (                    )
⑤ 衣架 (                    )

**03** 주어진 문장의 한어병음(성조포함)을 빈칸에 적어보세요.

① 对不起。 (                    )
② 不好意思。 (                    )
③ 我坐错了。 (                    )
④ 请问有没有衣架? (                    )
⑤ 请给我一杯矿泉水。 (                    )

## 04 다음 문장을 해석해 보세요.

① 有没有奶精?

② 来一杯红酒(or 葡萄酒)。

③ 您要吃鸡肉还是牛肉?

④ 椅背可以放倒吗?

⑤ 这是我的座位。

## 05 다음 문장을 중국어로 작문해보세요.

① 이것은 저의 탑승권입니다.

② 비어있는 기내선반이 있나요?

③ 커피 드실래요 아니면 홍차 드실래요?

④ 커피 좀 더 주세요.

⑤ 사이다 한 잔 주세요.

UNIT 04

# 비행기에서 2

## 주요내용

- 기내 서비스
- 기내 면세품
- 비행기 갈아타기

# UNIT 04 비행기에서 2

## ① 기내 서비스 부탁하기

**请问，入境卡怎么写？**
Qǐng wèn，rù jìng kǎ zěn me xiě?
칭 원, 루 징 카 전 머 시에?

**能借我用一下你的笔吗？**
Néng jiè wǒ yòng yí xià nǐ de bǐ ma?
넝 지에 워 용 이 샤 니 더 비 마?

**可不可以帮我写？**
Kě bu kě yǐ bāng wǒ xiě?
커 뿌 커 이 빵 워 시에?

**给我一张海关报单。**
Gěi wǒ yì zhāng hǎi guān bào dān。
게이 워 이 짱 하이 관 빠오 딴.

### 단어노트

- **入境卡** 입국신고서
- **怎么** 어떻게
- **写** 쓰다
- **借** 빌리다
- **用** 사용하다, 쓰다
- **你** 당신
- **笔** 연필 또는 볼펜
- **不可以** ~할 수 없다
- **张** (종이 등을 세는 단위) 장
- **海关** 세관
- **报单** 신고서

How do I write the entry form ?

입국신고서 어떻게 쓰나요?

Can I borrow your pen ?

펜 좀 빌려주실 수 있어요?

Can you write for me ?

저 대신 써 주실 수 있어요?

A customs declaration form, please.

세관신고서 한 장 주세요.

### 해법노트

**❶ 怎么+동사**

의문대명사 怎么+동사의 구문은 어떠한 방식이나 방법을 물어볼 때 사용한다.

**❷ 정반의문문 可不可以**

可不可以는 원래 可以(조동사)+不(부정부사)+可以(조동사) 형태로 이루어진 정반 의문문이다. 이때, 앞쪽에 있는 '可以'는 '以'를 생략하고 '可'만 사용해서 '可不可以'라고 할 수 있다.

洗手间在哪儿？

Xǐ shǒu jiān zài nǎr?

시 서우 젠 짜이 나얼?

我身体不舒服。

Wǒ shēn tǐ bù shū fu。

워 선 티 뿌 수 푸.

给我毯子，好吗？

Gěi wǒ tǎn zi,　hǎo ma?

게이 워 탄 쯔, 하오 마?

有没有晕机药？

Yǒu méi yǒu yùn jī yào?

요우 메이 요우 윈 지 야오?

**단어노트**

- **洗手间** 화장실　• **在** ~에 (위치해) 있다　• **哪儿** 어디
- **身体** 몸　• **舒服** 편안하다　• **毯子** 담요　• **好** 좋다
- **晕机** 멀미　• **药** 약

Where is the restroom ?

화장실이 어디에 있나요?

I'm feeling a little uncomfortable.

제가 몸이 좀 불편합니다.

Can I have a blanket ?

담요 한 장 주시겠어요?

Do you have any medicine for motion sickness ?

멀미약 있나요?

### 해법노트

**❶ 我身体 구문**

我身体의 원래 구문은 '我的身体'이다. 여기서 '的'를 생략한 이유는 주어가 我 · 他 · 她와 같이 한 음절이고 的 뒤의 대상이 신체, 혈연관계 혹은 어떤 조직일 때 的를 생략할 수 있기 때문이다.

**❷ 好吗 구문**

好吗는 '안녕 하십니까' 혹은 '건강하십니까?' 등으로 사용되지만, 본문처럼 단독으로 사용될 때는 '어때요?' 혹은 '어떻습니까?' 등으로 사용된다.

有没有感冒药？

Yǒu méi yǒu gǎn mào yào?

요우 메이 요우 간 마오 야오?

有没有头疼药？

Yǒu méi yǒu tóu téng yào?

요우 메이 요우 터우 텅 야오?

有没有眼罩。

Yǒu méi yǒu yǎn zhào。

요우 메이 요우 옌 짜오.

有没有耳机。

Yǒu méi yǒu ěr jī。

요우 메이 요우 얼 지.

这个耳机坏了，请把新的给我。

Zhè ge ěr jī huài le， qǐng bǎ xīn de gěi wǒ。

쩌 거 얼 지 화이 러, 칭 바 신 더 게이 워.

**단어노트**

- **感冒** 감기 · **眼罩** 안대 · **耳机** 이어폰 · **这** 이것
- **个** (물건을 세는 단위) 개, 명 · **坏** 나쁘다 · **坏了** 못쓰게 되다
- **把** (개사, 전치사) ~을 · **新** 새로운

Do you have medicine for a cold?
감기약 있나요?

Do you have any medicine for headaches?
두통약 있나요?

Do you have a blindfold?
눈가리개 있어요?

Do you have earphones?
이어폰 있어요?

My earphones are out of order, please give me a new one.
이어폰이 고장 났어요, 새로운 것으로 주세요.

### 해법노트

**❶ 개사 把**
일반적으로 동사의 동작 · 작용이 미치는 대상, 즉 목적어와 결합해서 동사 앞으로 전치시킬 때 사용한다. 어순 : 把+(대)명사

**❷ 的자 구문**
조사인 的은 일반적으로 한정어+的+중심어 형태로 이루어지지만, 간혹 중심어가 없는 '的'자 구조를 이루어 명사화하는 데 사용되며 '~한 것'으로 해석한다.

## ② 기내 면세품 구입하기

免税品什么时候可以买？
Miǎn shuì pǐn shén me shí hòu kě yǐ mǎi?
멘 쉐이 핀 선 머 스 허우 커 이 마이?

我买这个。
Wǒ mǎi zhè ge。
워 마이 쩌 거.

可以刷卡吗？
Kě yǐ shuā kǎ ma?
커 이 쏴 카 마?

人民币不够，可以用美元吗？
Rén mín bì bú gòu， kě yǐ yòng měi yuán ma?
런 민 삐 뿌 꺼우, 커 이 용 메이 위엔 마?

可以用韩币吗？
Kě yǐ yòng hán bì ma?
커 이 용 한 삐 마?

When can I start buying duty-free items ?
면세품은 언제부터 살 수 있나요?

I'll buy this.
저는 이것을 사겠습니다.

Can I pay with my credit card ?
신용카드로 결제할 수 있나요?

I'm short of Chinese money. Can I use the dollar ?
인민폐가 부족한데, 달러를 써도 되나요?

Can I use Korean money ?
한국 돈을 써도 되나요?

### 단어노트

- **免税品** 면세품
- **什么时候** 언제
- **买** 사다
- **刷卡** 카드로 긁다
- **人民币** 인민폐
- **不够** 충분하지 않다
- **美元** 달러
- **韩币** 한화

## ③ 비행기 갈아타기

**我要在西安转机。**

Wǒ yào zài xī ān zhuǎn jī。

워 야오 짜이 시 안 좐 지.

**请问，在哪儿办转乘手续？**

Qǐng wèn, zài nǎr bàn zhuǎn chéng shǒu xù?

칭 원, 짜이 나얼 빤 좐 청 서우 쉬?

**转乘手续从几点开始？**

Zhuǎn chéng shǒu xù cóng jǐ diǎn kāi shǐ?

좐 청 서우 쉬 총 지 뎬 카이 스?

### 단어노트

- **西安** 시안 (서안) • **转** 바뀌다, 전환하다 • **机** 기계, 기체
- **转机** 비행기를 갈아타다 • **请问** 말씀 좀 묻겠습니다
- **办** 처리하다 • **转乘** 갈아타다 • **手续** 수속 • **从** ~부터
- **几** 몇 • **点** (시간) 시 • **开始** 시작하다

I change planes in Xi'an.

저는 시안에서 비행기를 갈아탑니다.

Where is the transfer desk ?

어디에서 환승 수속을 하나요?

What time does the transfer start ?

환승 수속은 몇 시부터 하나요?

### 해법노트

**❶ 개사 在**

在는 원래 동사로 '~에 위치해 있다'라는 뜻이지만, 개사(전치사)인 在로 쓰여 '~에(서)'의 뜻으로 사용되기도 한다.

**❷ 개사 从**

개사 从은 '…부터'라는 뜻으로 장소 · 시간의 출발점을 나타내며 '从几点'는 '몇 시부터'라고 해석한다.

请问，在哪儿转机？

Qǐng wèn,　zài nǎr zhuǎn jī?

칭 원, 짜이 나얼 좐 지?

我来不及搭乘转乘的航班。

Wǒ lái bu jí dā chéng zhuǎn chéng de háng bān。

워 라이 부 지 따 청 좐 청 더 항 빤.

现在有没有其他的航班？

Xiàn zài yǒu méi yǒu qí tā de háng bān?

시엔 짜이 요우 메이 요우 치 타 더 항 빤?

**단어노트**

- **来** 오다
- **不及** 미치지 못하다
- **来不及** 시간이 맞지 않다
- **搭乘** 탑승하다
- **航班** 항공편, (비행기의) 취항 순서
- **现在** 현재
- **其他** 기타, 그 외

Where can I transfer planes?

어디에서 비행기를 갈아타나요?

I missed my connecting flight.

갈아타는 비행기를 놓쳤습니다.

Do you have any other flights now?

지금 다른 비행기는 없나요?

### 해법노트

**❶ 来不及 VS 来得及**

来不及는 동사로 '(시간이 부족하여) 돌볼(손쓸) 틈이 없다', '생각할 겨를이 없다', '따라가지 못하다', '제 시간에 댈 수 없다', '미처 …(하지) 못하다'란 뜻이고, 이와 반대로 来得及(láidejí)는 '늦지 않다'란 뜻으로 쓰인다.

**❷ 其他 VS 别的**

其他와 别的는 혼동하기 쉬운 명사로 그 의미는 서로 다르다. 其他는 '기타', '그 외'란 뜻이고, 别的(biéde)는 '다른 것', '딴 것', '다른 사람' 등의 뜻으로 사용된다.

## 상하이에 가볼까!

상하이는 중국의 동부 해안, 장강(양자강) 하류에 있는 직할시이자, 해안선 길이가 220㎞에 이를 정도인 해양도시이다. 면적은 약 6000㎢이며, 인국는 대략 2천 4백만 명이고, 16개의 구로 이루어졌다.

아주 작은 어촌마을이었던 상하이는 아편전쟁 이후 항구가 서양열강에 개항되면서 경제가 발전하기 시작하였다. 현재 항구와 무역, 과학기술, 정보, 금융의 중심지이자 명실상부한 중국의 경제중심도시로 성장 · 발전하였다.

중국의 무역과 금융의 중심지라는 이름에 걸맞게, 이곳에는 한국을 비롯해 미국 · 오스트리아 · 프랑스 · 영국 · 이탈리아 · 독일 · 러시아 등 12개 국가의 총영사관이 주재하고 있으며, 중세 유럽식 건물이 즐비한 와이탄과 유럽식 카페거리인 신천지도 있다. 그밖에 상하이의 이정표인 동방명주 방송탑과 고층빌딩이 늘어선 푸동거리, 어린이들의 놀이동산 디즈니랜드도 가볼 수 있다.

# 연습문제

UNIT 04

**01** 아래 보기의 단어와 뜻이 서로 어울리는 것을 골라 짝을 맞추어 보세요.

| | |
|---|---|
| 入境卡 • | • 화장실 |
| 洗手间 • | • 면세품 |
| 耳机 • | • 수속 |
| 免税品 • | • 입국신고서 |
| 手续 • | • 이어폰 |

**02** 주어진 단어의 뜻을 빈칸에 적어보세요.

① 搭乘 (　　　　　　　)
② 开始 (　　　　　　　)
③ 人民币 (　　　　　　　)
④ 眼罩 (　　　　　　　)
⑤ 毯子 (　　　　　　　)

**03** 주어진 문장의 한어병음(성조포함)을 빈칸에 적어보세요.

① 入境卡怎么写? (　　　　　　　　　　)
② 我身体不舒服。 (　　　　　　　　　　)
③ 有没有眼罩。 (　　　　　　　　　　)
④ 可以刷卡吗? (　　　　　　　　　　)
⑤ 我要在西安转机。 (　　　　　　　　　　)

## 04 다음 문장을 해석해 보세요.

① 现在有没有其他的航班?

② 转乘手续从几点开始?

③ 我买这个。

④ 这个耳机坏了，请把新的给我。

⑤ 有没有晕机药?

## 05 다음 문장을 중국어로 작문해보세요.

① 펜 좀 빌려주실 수 있어요?

② 한국 돈을 써도 되나요?

③ 어디에서 환승 수속을 하나요?

④ 갈아타는 비행기를 놓쳤습니다.

⑤ 화장실이 어디에 있나요?

UNIT 05

# 입국심사와 짐 찾기

## 주요내용

- 입국심사
- 세관심사
- 수화물 짐 찾기

# UNIT 05 입국심사와 짐 찾기

## ① 입국심사대에서

入境卡和护照，给我。
Rù jìng Kǎ hé hù zhào,　gěi wǒ。
루 징 카 허 후 짜오, 게이 워.

请把护照夹（外皮）拿掉。
Qǐng bǎ hù zhào jiá（wài pí）ná diào。
칭 바 후 짜오 쟈(와이 피) 나 댜오.

入境目的是什么？
Rù jìng mù dì shì shén me?
루 징 무 띠 스 선 머?

你来上海的目的是什么？
Nǐ lái shàng hǎi de mù dì shì shén me?
니 라이 상 하이 더 무 띠 스 선 머?

### 단어노트

- **和** 와　• **护照** 여권　• **夹** 끼우게　• **外皮** 외피, 케이스
- **拿** 잡다　• **掉** 떨어지다　• **目的** 목적　• **什么** 무엇
- **上海** 상하이 (상해)

Please give me your immigration form and passport.

입국심사서와 여권 주세요.

Please take off your passport case.

여권 케이스는 벗겨주세요.

What is the purpose of your entry ?

입국 목적이 무엇입니까?

What's your purpose in Shanghai ?

상하이에 온 목적이 뭐죠?

## 해법노트

**❶ 결과보어 掉**

掉는 원래 '(아래로) 떨어지다' 혹은 '떨어뜨리다'라는 뜻의 동사로, 여기서는 '拿' 뒤에 바로 붙어서 결과보어로 사용되었다.

**❷ 来OO的目的 구문**

来OO的目的 구문에 지역, 위치, 장소 등을 넣어서 '○○에 온 목적'이라는 구문을 만들 수 있다.

出差 / 旅行 / 度蜜月 / 留学。
Chū chāi / lǚ xíng / dù mì yuè / liú xué。
추 차이 / 뤼 싱 / 두 미 웨 / 리우 쉐.

我是来旅游的。
Wǒ shì lái lǚ yóu de。
워 스 라이 뤼 요우 더.

我是来探亲的。
Wǒ shì lái tàn qīn de。
워 스 라이 탄 친 더

亲戚住在这儿。
Qīn qi zhù zài zhèr。
친 치 주 짜이 쩌얼.

### 단어노트

- **出差** 출장(하다) · **旅行** 여행(하다) · **度** 보내다 · **蜜月** 허니문
- **留学** 유학(하다) · **旅游** 여행하다 · **探** 찾다 · **亲** 친하다, 부모
- **亲戚** 친척 · **住** ~에 살다 · **这儿** 이곳

A business trip / travel / honeymoon / study

출장/여행/신혼여행/유학

I'm here for a trip.

저는 여행하러 왔습니다.

I came to see my relatives.

저는 친척 만나러 왔습니다.

My relatives live here.

친척이 여기에 삽니다.

### 해법노트

**❶ 旅行 VS 旅游**

旅行과 旅游'는 두 단어 모두 명사 혹은 동사로 사용할 수 있지만, 旅行은 주로 말할 때 사용되고, 旅游은 주로 쓸 때 사용된다. 그밖에 旅行은 출장 · 답사 등 모든 성격의 외출을 의미하고, 旅游'는 오락 성격의 외출을 의미한다.

**❷ 住在 구문**

住在는 '~에 살다'는 뜻으로, 그 뒤에 장소 혹은 위치가 올 수 있다. 간혹 '在'를 생략하여 쓰기도 한다. 예) 我住中国 등.

我是来出差的。

Wǒ shì lái chū chāi de。

워 스 라이 추 차이 더.

分公司在这儿。

Fēn gōng sī zài zhèr。

펀 꽁 스 짜이 쩌얼

你以前来过中国吗？

Nǐ yǐ qián lái guo zhōng guó ma?

니 이 치엔 라이 꿔 쫑 궈 마?

没来过（or来过）。

Méi lái guo（or Lái guo）。

메이 라이 꿔 (or 라이 꿔).

**단어노트**

• **出差** 출장(하다) • **分** 나누다 • **公司** 회사 • **分公司** 회사지점
• **以前** 이전 • **过** 지나다 • **中国** 중국 • **没** 과거부정부사

I'm here on a business trip.

저는 출장 왔습니다.

The overseas branches are here.

해외 지사가 여기에 있습니다.

Have you been to China before ?

당신은 예전에 중국에 와봤습니까?

Yes, I have(or “No, I haven't”).

와봤습니다(or 안 와봤습니다) .

### 해법노트

**❶ 명사 分公司**

分公司는 본사의 상대어로 (회사의) 지점 혹은 (국영기업의) 계열회사란 뜻이다. 본사는 '总社(zǒngshè)' 혹은 '总公司(zǒnggōngsī)'라고 한다.

**❷ 명사 以前**

'以前'은 시간 명사로 현재나 어떤 시간보다 앞선 시간을 가리키며, 명사나 동사의 뒤에서 시간을 나타낼 수도 있다.

**你是第一次来中国吗？**
Nǐ shì dì yí cì lái zhōng guó ma?
니 스 띠 이 츠 라이 쫑 궈 마?

**是的（不是，第三次。）**
Shì de（Bú shì， dì sān cì。）
스 더 (부 스, 띠 산 츠)

**你要住多长时间？**
Nǐ yào zhù duō cháng shí jiān?
니 야오 주 둬 창 스 젠?

**我要住五天。**
Wǒ yào zhù wǔ tiān。
워 야오 주 우 텐.

### 단어노트

• **第** 제 • **次** 순서 • **第一次** 제1차, 첫 번째 • **三** 숫자 3
• **多** 많다 • **长** 길다 • **时间** 시간 • **多长时间** 얼마나 긴 시간
• **五** 숫자 5 • **天** 하늘, 일

Did you first come to China ?
당신은 중국에 처음 왔습니까?

Yes.(No, It's the third time.)
네(아니요, 세 번째입니다.)

How long are you going to stay ?
얼마나 체류할 건가요?

I'll stay for five days.
5일 동안 체류할 겁니다.

### 해법노트

**❶ 是 VS 是的**

是는 '맞다 · 옳다고 여기다 · 예'란 뜻을 가지고 있고, 是的는 '그렇다 · 맞다 · 옳다'란 뜻을 가지고 있다. 是는 다소 딱딱한 느낌의 '네, 맞습니다.'라는 느낌이 있고, 是的는 부드러운 느낌과 강조의 느낌을 동시에 가지고 있다.

**❷ 동량보어**

동량보어는 동작의 횟수를 보충해주는 보어이다. '我要住五天'에서 '五天'이 바로 동량보어이다. 어순은 '동사+동작의 횟수' 순이다.

## 你打算住哪儿？

Nǐ dǎ suàn zhù nǎr?

니 다 쏸 주 나알?

## 我打算住上海饭店。

Wǒ dǎ suàn zhù shàng hǎi fàn diàn。

워 다 쏸 주 상 하이 판 뎬.

## 在中国的地址是什么？

Zài zhōng guó de dì zhǐ shì shén me?

짜이 쫑 궈 더 띠 즈 스 선머?

## 上海饭店 / 复旦大学。

Shàng hǎi fàn diàn / Fù dàn dà xué。

상 하이 판 뎬 / 푸 딴 따 쉐.

### 단어노트

- **打算** ~할 계획이다
- **饭店** 호텔
- **地址** 주소
- **复旦** (명칭) 푸단(복단)
- **大学** 종합대학교

Where are you staying ?

어디서 머물 실거죠?

I'm going to stay at the Shanghai Hotel.

상하이 호텔에서 머물 예정입니다.

What's your Chinese address ?

중국 주소는 어떻게 되죠?

Shanghai Hotel / Fudan University

상하이 호텔 / 푸단 대학교

### 해법노트

**❶ 동사 打算**

동사 打算은 '…하려고 하다' 혹은 '…할 작정이다'라는 뜻으로, 打算 뒤에는 목적절이 온다.

**❷ 饭店 VS 酒店**

饭店은 호텔 혹은 여관이란 뜻으로 宾馆(bīnguǎn)이라고도 하고, 일부 지역에서는 식당이란 뜻으로 사용되기도 한다. 酒店은 원래 술집을 가리켰으나, 훗날 홍콩 등 지역에서는 호텔이란 뜻으로 사용되었다.

## ② 세관심사하기

要申报吗？
Yào shēn bào ma?
야오 선 빠오 마?

请你打开一下行李。
Qǐng nǐ dǎ kāi yí xià xíng li。
칭 니 다 카이 이 샤 싱 리.

给我看看海关报单。
Gěi wǒ kàn kàn hǎi guān bào dān。
게이 워 칸 칸 하이 관 빠오 딴.

你有没有农产品或者是肉类？
Nǐ yǒu méi yǒu nóng chǎn pǐn huò zhe shì ròu lèi?
니 요우 메이 요우 농 찬 핀 훠 저 스 러우 레이?

### 단어노트

- **申报** 신고하다 • **打** 치다 • **开** 열다 • **行李** 짐
- **给** (…에게)…토록 하다 • **看** 보다 • **海关** 세관 • **报单** 신고서
- **农产品** 농산품 • **或者** 혹(은) • **肉类** 육류

Are you going to report it?

신고하실 건가요?

Open your bag.

가방 좀 열어보세요.

Please show me the customs declaration form.

세관신고서 좀 보여주세요.

Do you have any agricultural product or meat?

농산품이나 육류 있으세요?

### 해법노트

**❶ 동사 打开**

동사 打开는 동사 打(치다)와 동사 开(열다)가 결합하여 만들어진 새로운 동사이다. 열다, 펼치다 등으로 사용된다.

**❷ 접속사 或者**

或者는 부사로 쓰일 때는 '아마', '어쩌면', '혹시(~인지 모른다)' 등으로 사용되지만, 접속사로 쓰일 때는 '~(이)거나', '~든지', '혹은', '또는', '~이 아니면~이다' 등으로 사용된다.

有 / 没有。

Yǒu / Méi yǒu。

요우 / 메이 요우

这些东西是都要交税的。

Zhè xiē dōng xi shì dōu yào jiāo shuì de。

쩌 시에 똥 시 스 더우 야오 쟈오 쉐이 더.

税金要交多少钱？

Shuì jīn yào jiāo duō shao qián?

쉐이 진 야오 쟈오 둬 샤오 치엔?

这是什么东西？

Zhè shì shén me dōng xi?

쩌 스 선 머 똥 시?

### 단어노트

- **些** 조금, 약간 · **东西** 물건 · **都** 모두 · **交** 넘기다 · **税** 세금
- **交税** 세금을 내다 · **税金** 세금 · **多少** 얼마 · **钱** 돈

Yes, I have.(No, I haven't.)

있어요. / 없는데요.

These are taxable.

이것들은 세금을 내야 합니다.

How much do I owe you?

세금은 얼마나 내야 하죠?

What is this?

이것은 무엇입니까?

### 해법노트

**❶ 대명사 这些**

대명사 这些는 원래 대명사인 这와 '조금'이란 뜻을 가지고 있는 양사 些(xiē)가 결합된 단어이다. '이런 것들', '이들' 등으로 해석할 수 있다.

**❷ 명사 东西**

명사 东西는 물품 · 물건 · 음식 등 구체적인 사물을 가리키기도 하고, (도리 · 지식 · 예술 따위의) 추상적인 것도 가리킨다.

这是公司样品。

Zhè shì gōng sī yàng pǐn。

쩌 스 꽁 쓰 양 핀.

这都是我的随身用品。

Zhè dōu shì wǒ de suí shēn yòng pǐn。

쩌 더우 스 워 더 쑤이 선 용 핀.

这是我个人的。

Zhè shì wǒ gè rén de。

쩌 스 워 꺼 런 더.

这是我要送给中国朋友的礼物。

Zhè shì wǒ yào sòng gěi zhōng guó péng you de lǐ wù。

쩌 스 워 야오 송 게이 쫑 궈 펑 요우 더 리 우.

禁止带这些东西入境。

Jìn zhǐ dài zhè xiē dōng xi rù jìng。

진 즈 따이 쩌 시에 똥 시 루 징

### 단어노트

- 样品 샘플
- 个人 개인
- 送 보내다
- 给 ~에게
- 朋友 친구
- 礼物 선물
- 禁止 금지(하다)
- 带 지니다

This is a company sample.

이것은 회사 샘플입니다.

These are my personal items.

이것들은 제 개인용품입니다.

This is my personal one.

이것은 제 개인 것 입니다.

This is a gift for a Chinese friend.

이것은 중국친구에게 줄 선물입니다.

These items cannot be brought in.

이 물건들은 반입할 수 없습니다.

### 해법노트

**❶ 부사 都**

부사 都는 앞의 사람이나 사물을 총괄하거나, 뒤에 있는 의문대명사에 나타난 사람이나 사물을 총괄하기도 한다. 예) 你家都有什么人?

**❷ 개사 给**

개사 给는 '~을(를) 위하여' 혹은 '~에게'라는 뜻으로 사용되며, 그 뒤에는 어떠한 대상이 온다.

## ③ 수화물(짐) 찾기

**行李箱在哪儿取呢？**

Xíng li xiāng zài nǎr qǔ ne?

싱 리 샹 짜이 나얼 취 너?

**就在五号行李转盘。**

Jiù zài wǔ hào xíng li zhuàn pán。

지요 짜이 우 하오 싱 리 좐 판.

**我找不到我的行李。**

Wǒ zhǎo bu dào wǒ de xíng li。

워 자오 부 따오 워 더 싱 리.

**你是坐哪个航班来的？**

Nǐ shì zuò nǎ ge háng bān lái de?

니 스 쭤 나 거 항 빤 라이 더?

### 단어노트

- **箱** 상자 • **行李箱** 여행가방 • **取** 취하다 • **呢** 어기조사
- **就** 곧, 바로 • **号** 번호 • **转** 돌리다 • **盘** 쟁반, 접시
- **转盘** 턴테이블 • **找** 찾다 • **到** 도착하다

Where can I take my suitcase?

여행가방 어디서 가져가죠?

It's at Baggage Claim, number 5.

5번 Baggage Claim(짐 찾는 곳)에 있습니다.

I can't find my luggage.

제 짐을 못 찾겠습니다.

Which flight did you fly?

어느 비행기 타고 오셨죠?

### 해법노트

**❶ 조사 呢**

명사(구) 뒤에 쓰여 생략형 의문문을 만들 때 사용하는 조사로, 생략형 의문 어기 조사라고 한다.

**❷ 부사 就**

부사 就는 '바로', '꼭', '(조금도) 틀림없이' 등 사실이 바로 그렇다는 것을 표시할 때 사용한다.

**❸ 불가능보어 找不到**

找不到는 '찾을 수 없다' 혹은 '찾지 못하다'라는 뜻의 불가능보어로, 가능보어는 找得到이다.

**我是坐KE851航班来的。**

Wǒ shì zuò KE bā wǔ yaō háng bān lái de。

워 스 쭤 KE 빠 우 야오 항 빤 라이 더.

**你的行李箱是什么颜色的？**

Nǐ de xíng li xiāng shì shén me yán sè de?

니 더 싱 리 샹 스 선 머 옌 서 더.

**我的行李箱是黑色的。**

Wǒ de xíng li xiāng shì hēi sè de。

워더 싱 리 샹 스 헤이 써 더.

**给我看看你的行李票。**

Gěi wǒ kàn kàn nǐ de xíng li piào。

게이 워 칸 칸 니 더 싱 리 퍄오.

**단어노트**

- **颜** 얼굴, 색 • **色** 빛, 색 • **颜色** 색깔 • **黑** 검다
- **黑色** 검정색 • **票** 표 • **行李票** 수화물표

## I came here on KE851.

저는 KE851을 타고 왔습니다.

## What color is your suitcase ?

여행가방이 무슨 색깔인가요?

## My suitcase is black.

제 여행가방은 검정색입니다.

## Could you show me the Baggage Tag ?

Baggage Tag(짐표) 좀 보여주시겠어요.

### 해법노트

**❶ '什么+명사' 구문**

의문대명사 什么는 단독으로 사용할 수 있지만, 명사와 결합하여 '什么+명사' 구문을 만들 수 있다. 예) 什么颜色, 什么书, 什么票.

**❷ 개사 给**

개사 给는 '(~에게)~를 시키다' 혹은 '~토록 하다'라는 뜻으로 사용되며, 간혹 '(~에게)~을 당하다'라는 뜻으로도 사용된다.

## 칭다오에 가볼까!

칭다오의 약칭은 '청(靑)'이며, 산동반도 중남부에 위치한 해양도시이다. 면적은 11,282㎢이고, 인구는 약 930만 명이며, 7개의 구와 3개의 현급시로 이루어졌다.

맥주로도 유명한 칭다오는 독일, 미국 등 여러 국가의 지배 및 영향 아래 있던 아픈 역사로 인해 도시 곳곳에서 이국적인 풍경을 엿볼 수 있다. 특히 영빈관, 천주교 예배당 등 유럽풍 건축물들이 많이 남아있다. 매년 8월 중순에 시작해 약 보름 간 열리는 칭다오 맥주축제는 세계 여러 맥주 업체들이 참가해 다양한 행사를 진행하는 국제적인 축제로, 세계 4대 맥주 축제 중 하나이다. 또한 해양 도시답게 신선한 해산물로 요리한 음식을 저렴한 가격에 맛볼 수 있다. 해수욕을 즐길 수 있는 6~9월이 여행의 최적기이다.

칭다오는 우리 투자기업의 최대 집중지로, 한때 우리나라 대중투자의 1/30이 칭다오 한 지역에 집중되어 있을 정도였다. 이에 따라 칭다오시 정부를 포함한 칭다오 시민들은 한국기업의 투자가 칭다오 경제발전에 결정적인 공헌을 했음을 인정하고 있기 때문에, 중국 어느 지역보다 한국에 대해 우호적인 감정을 갖고 있다.

# 연습문제 UNIT 05

**01** 아래 보기의 단어와 뜻이 서로 어울리는 것을 골라 짝을 맞추어 보세요.

| | |
|---|---|
| 目的 • | • 시간 |
| 亲戚 • | • 친척 |
| 公司 • | • 호텔 |
| 时间 • | • 목적 |
| 饭店 • | • 회사 |

**02** 주어진 단어의 뜻을 빈칸에 적어보세요.

① 海关 (　　　　　　)
② 税金 (　　　　　　)
③ 样品 (　　　　　　)
④ 行李箱 (　　　　　　)
⑤ 颜色 (　　　　　　)

**03** 주어진 문장의 한어병음(성조포함)을 빈칸에 적어보세요.

① 给我看看你的行李票。 (　　　　　　　　　　)
② 我找不到我的行李。 (　　　　　　　　　　)
③ 这是我个人的。 (　　　　　　　　　　)
④ 这些东西是都要交税的。 (　　　　　　　　　　)
⑤ 请你打开一下行李。 (　　　　　　　　　　)

## 04 다음 문장을 해석해 보세요.

① 你打算住哪儿?

______________________________

② 你以前来过中国吗?

______________________________

③ 入境卡和护照，给我。

______________________________

④ 你的行李箱是什么颜色的?

______________________________

⑤ 这都是我的随身用品。

______________________________

## 05 다음 문장을 중국어로 작문해보세요.

① 여권 케이스는 벗겨주세요.

______________________________

② 저는 여행하러 왔습니다.

______________________________

③ 당신은 중국에 처음 왔습니까?

______________________________

④ 상하이 호텔에서 머물 예정입니다.

______________________________

⑤ 세금은 얼마나 내야 하죠?

______________________________

UNIT 06

# 호텔에서 1

## 주요내용

- 호텔예약
- 체크인
- 식당 물어보기

# UNIT 06 호텔에서 1

## ① 호텔예약

你们有空房吗？

Nǐ men yǒu kōng fáng ma?

니 먼 요우 콩 팡 마?

我想订一个双人间。

Wǒ xiǎng dìng yí ge shuāng rén jiān。

워 샹 띵 이 거 솽 런 젠.

我要住标准间。

Wǒ yào zhù biāo zhǔn jiān。

워 야오 주 뱌오 준 젠.

我要双人间。

Wǒ yào shuāng rén jiān。

워 야오 솽 런 젠.

### 단어노트

- **你们** 당신들 • **空** 텅 비다, 하늘 • **空房** 빈방 • **想** 하고 싶다
- **订** 예약하다 • **双** 둘, 쌍 • **人** 사람 • **间** 사이, 칸
- **双人间** 2인실 • **标准** 표준 • **标准间** 일반실

Are there any rooms available?

빈방 있습니까?

I want to make a reservation for a double room.

2인실 예약하고 싶은데요.

Can I have a standard room?

일반실에 묵고 싶습니다.

Can I get a double room?

2인실에 묵고 싶습니다.

### 해법노트

**❶ 조동사 想**

想은 원래 동사로 '생각하다', '그리워하다'란 뜻을 가지고 있다. 조동사로 쓰일 때는 '~하고 싶다'라고 해석한다.

**❷ 조동사 要**

要는 원래 동사로 '구하다', '요구하다'란 뜻을 가지고 있다. 조동사로 쓰일 때는 '~해야 한다', '하려고 하다' 등 주관적 의지를 나타낼 때 사용한다.

**我要单人间。**

Wǒ yào dān rén jiān。

워 야오 딴 런 젠.

**我十月十号到。**

Wǒ shí yuè shí hào dào。

워 스 웨 스 하오 따오.

**一天多少钱？**

Yì tiān duō shao qián?

이 텐 둬 샤오 첸?

**有没有比较便宜点儿的房间?**

Yǒu méi yǒu bǐ jiào pián yi diǎnr de fáng jiān?

요우 메이 요우 비 쟈오 피엔 이 디얼 더 팡 젠?

### 단어노트

- **单** 홑 • **单人间** 1인실 • **十** 숫자 10 • **月** 월 • **号** 일
- **到** 도착하다 • **一天** 하루 • **比较** 비교적 • **便宜** 싸다
- (一)**点儿** 조금

## Can I have a single room ?

1인실에 묵고 싶습니다.

## I will arrive on October 10th.

10월 10일에 도착합니다.

## What does it cost for 1 night ?

하루에 얼마입니까?

## Do you have any cheaper rooms ?

조금 싼 방은 없나요?

### 해법노트

**❶ 동사 到**

동사 到는 '도착하다', '도달하다', '~에 이르다(미치다)', '(시간 · 기간 · 날짜가) 되다' 등의 의미가 있다. 개사로 사용될 때는 '~에', '~로', '~까지'로 해석한다.

**❷ 부사 比较**

比较는 원래 동사로 '비교하다'라는 뜻을 가지고 있다. 부사로 쓰일 때는 '비교적'으로 해석하며, 일정 정도 이상임을 의미하기 때문에 부정문에서는 자주 사용하지 않는다.

## ② 체크인

**房费里包括早餐吗？**

Fáng fèi lǐ bāo kuò zǎo cān ma?

팡 페이 리 빠오 쿼 자오 찬 마?

**押金是多少钱？**

Yā jīn shì duō shao qián?

야 진 스 둬 샤오 첸?

**给我安静的房间。**

Gěi wǒ ān jìng de fáng jiān。

게이 워 안 징 더 팡 젠.

**请给我办理入住手续。**

Qǐng gěi wǒ bàn lǐ rù zhù shǒu xù。

칭 게이 워 빤 리 루 주 서우 쉬.

### 단어노트

- **房费** 방값 · **里** 안 · **包括** 포함하다 · **早餐** 조식, 아침식사
- **押金** 보증금 · **安静** 조용한 · **房间** 침실 · **办理** 처리하다
- **入住** 입주 · **手续** 수속

Is breakfast included?

조식 포함인가요?

How much is the deposit?

보증금은 얼마인가요?

I want a quiet room.

조용한 방을 주세요.

Please check in.

체크인 수속 해주세요.

**해법노트**

**❶ 명사 里**

명사 里는 (어떤 사물 혹은 물건) '속' 혹은 '안'을 의미하고, 가끔 儿과 결합하여 '里儿(lǐr)'로 사용되기도 한다.

**❷ 동사 包括**

'包括'는 어떠한 범위와 수량에서 각 부분을 나열하여 한곳으로 총괄하거나 특정 부분을 가리키는 것을 강조한다. 추상명사뿐만 아니라 구체적인 사물에도 사용이 가능하다.

有人找我，就给我联系。

Yǒu rén zhǎo wǒ， jiù gěi wǒ lián xì。

요우 런 자오 워, 지요 게이 워 롄 시.

安全门在哪儿？

Ān quán mén zài nǎr?

안 취엔 먼 짜이 나얼?

帮我拿一下行李箱，可以吗？

Bāng wǒ ná yí xià xíng li xiāng， kě yǐ ma?

빵 워 나 이 샤 싱 리 샹, 커 이 마?

### 단어노트

- **有人** 어떤 사람 • **找** 방문하다 • **联系** 연락하다
- **安全** 안전 • **门** 문 • **安全门** 안전문, 비상구

If anyone finds me, please contact me.

누가 저를 찾으면 연락해 주세요.

Where is the emergency exit ?

비상구는 어디 인가요?

Please carry my luggage.

짐 좀 들어다 주시겠어요.

### 해법노트

**❶ 겸어문 & 有人**

겸어문이란 앞에 있는 술어의 목적어가 뒤에 있는 술어의 주어로 사용되는 문장을 말한다. 예) 这儿有人找我。앞 술어 有의 목적어는 人이고, 뒤 술어 找의 주어 역시 人이다. 즉, 人은 앞 술어의 목적어이자 뒤 술어의 주어 역할을 겸하고 있어서 이러한 문장을 '겸어문'이라고 한다. 그래서 有人은 '어떤 사람'으로 해석해야 한다.

**❷ 可以吗?**

'可以吗?'는 자신의 의견에 대해 상대방에게 허가 또는 판단을 원할 때 자주 사용한다. 이와 비슷한 표현으로 '可不可以?'가 있다.

## ③ 식당 물어보기

餐厅在哪儿？
Cān tīng zài nǎr?
찬 팅 짜이 나얼?

这个餐厅是中餐还是西餐？
Zhè ge cān tīng shì zhōng cān hái shì xī cān?
쩌 거 찬 팅 스 쫑 찬 하이 스 시 찬?

早餐可以送到我房间吗？
Zǎo cān kě yǐ sòng dào wǒ fáng jiān ma?
자오 찬 커 이 송 따오 워 팡 젠 마?

餐厅几点开门？
Cān tīng jǐ diǎn kāi mén?
찬 팅 지 덴 카이 먼?

餐厅营业到几点？
Cān tīng yíng yè dào jǐ diǎn?
찬 팅 잉 예 따오 지 덴?

### 단어노트

- **餐厅** 식당 · **中餐** 중식 · **西餐** 양식 · **送** 보내다
- **开门** 문을 열다 · **营业** 영업(하다) · **到** ~까지, 도착하다

Where is the restaurant?

식당은 어디인가요?

Is this a Chinese restaurant or a Western restaurant?

이 식당은 중식당인가요 아니면 양식당인가요?

Can you send me breakfast to my room?

아침식사를 방으로 보내줄 수 있어요?

What time does the restaurant open?

식당은 몇 시에 문을 엽니까?

What time dose the restaurant close?

식당은 몇 시까지 영업합니까?

**해법노트**

**❶ 餐厅 vs 食堂**

餐厅은 (호텔 · 역 · 비행장 등의) 식당 혹은 레스토랑을 의미하고, 食堂(shítáng)은 (구내 · 일반) 식당 혹은 음식점을 가리킨다.

**❷ 결과보어 到**

到는 원래 '도착하다'란 뜻의 동사로, 간혹 술어 뒤에서 동작의 결과를 보충해 주는 결과보어로 쓰여 '~에 미치다', '~에 이르다', '~을 해내다'란 뜻으로 해석할 수 있다.

## 시안에 가볼까!

시안은 면적 9,983㎢, 인구 약 900만 명이며, 9개의 구와 4개의 현으로 구성되어 있는 섬서성의 성도이다. 시안은 주나라 시기 호경에서 비롯되었으며, 한나라에서 당 나라에 이르기까지 약 1,200여 년 동안 수도로서 역사와 유서가 깊은 도시이다. 과거에는 장안(長安)이라 불렀다.

성 밖의 동교(東郊)와 서교(西郊)에는 규모가 비교적 큰 화력발전소와 면방직 공장 등이 있고, 남교(南郊)에는 시안교통대학 · 시베이공업대학 등 대학과 연구소 등이 모여 있다.

가볼 만한 곳으로 현장(玄奘)이 창건한 자은사(慈恩寺)의 다옌탑(大雁塔), 천복사(薦福寺)의 샤오옌탑(小雁塔), 양귀비(楊貴妃)가 목욕을 했다고 전해지는 화칭츠(華清池) 등이 있다. 그밖에 역사박물관과 당 · 송 시기의 고비(古碑)를 모아놓은 비림(碑林) 등이 있다.

# 연습문제 UNIT 06

**01** 아래 보기의 단어와 뜻이 서로 어울리는 것을 골라 짝을 맞추어 보세요.

| | |
|---|---|
| 标准间 • | • 조식 |
| 比较 • | • 비교적 |
| 早餐 • | • 비상구 |
| 安全门 • | • 식당 |
| 餐厅 • | • 일반실 |

**02** 주어진 단어의 뜻을 빈칸에 적어보세요.

① 中餐 (　　　　　　)
② 联系 (　　　　　　)
③ 房费 (　　　　　　)
④ 便宜 (　　　　　　)
⑤ 空房 (　　　　　　)

**03** 주어진 문장의 한어병음(성조포함)을 빈칸에 적어보세요.

① 我想订一个双人间。 (　　　　　　　　)
② 一天多少钱? (　　　　　　　　)
③ 押金是多少钱? (　　　　　　　　)
④ 有人找我，就给我联系。 (　　　　　　　　)
⑤ 餐厅几点开门? (　　　　　　　　)

**04** **다음 문장을 해석해 보세요.**

① 我要双人间。

______________________________

② 我十月十号到。

______________________________

③ 给我安静的房间。

______________________________

④ 安全门在哪儿?

______________________________

⑤ 早餐可以送到我房间吗?

______________________________

**05** **다음 문장을 중국어로 작문해보세요.**

① 이 식당은 중식당인가요 아니면 양식당인가요?

______________________________

② 짐 좀 들어다 주시겠어요.

______________________________

③ 조식 포함인가요?

______________________________

④ 1인실에 묵고 싶습니다.

______________________________

⑤ 2인실 예약하고 싶은데요.

______________________________

UNIT 07

# 호텔에서 2

## 주요내용

- 룸서비스
- 호텔의 기타 서비스
- 체크아웃

# UNIT 07 호텔에서 2

## ① 룸 서비스

**我不喜欢这个房间。**
Wǒ bù xǐ huan zhè ge fáng jiān。
워 뿌 시 환 쩌 거 팡 젠.

**明天早上六点叫醒我，行吗？**
Míng tiān zǎo shang liù diǎn jiào xǐng wǒ, xíng ma?
밍 톈 자오 상 류 뎬 쟈오 싱 워, 싱 마?

**请现在整理一下我的房间。**
Qǐng xiàn zài zhěng lǐ yí xià wǒ de fáng jiān。
칭 시엔 짜이 정 리 이 샤 워 더 팡 젠.

**没有毛巾。请给我送一条。**
Méi yǒu máo jīn。 qǐng gěi wǒ sòng yì tiáo。
메이 요우 마오 진. 칭 게이 워 송 이 탸오.

### 단어노트

- **喜欢** 좋아하다
- **明天** 내일
- **早上** 아침
- **六** 숫자 6
- **叫** 부르다
- **醒** 잠에서 깨다
- **行** 좋다, 괜찮다
- **整理** 정리하다
- **毛巾** 수건
- **条** (양사) 가늘고 긴 것

I don't like this room.

저는 이 방이 마음에 들지 않습니다.

Can you wake me up at six tomorrow morning?

내일 아침 6시에 깨워줄 수 있죠?

Please clean my room now.

지금 방 좀 청소해 주세요.

I don't have a towel. Please bring me a towel.

수건이 없습니다. 한 장 가져다주세요.

### 해법노트

**❶ 동사 叫醒**

叫醒은 동사 叫(외치다, 불러오다)와 또 다른 동사 醒(잠에서 깨다, 깨닫다)가 결합하여 만들어진 동사이다. '(불러서) 깨다, 깨우다'란 뜻으로 해석한다.

**❷ 行吗?**

'行吗?'는 자신의 의견에 대해 상대방에게 허가 또는 판단을 원할 때 자주 사용한다. 이와 비슷한 표현으로 '行不行?'이 있다.

电视坏了。

Diàn shì huài le。

덴 스 화이 러.

空调坏了。

Kōng tiáo huài le。

콩 탸오 화이 러.

水龙头坏了。

Shuǐ lóng tóu huài le。

쉐이 롱 터우 화이 러.

### 단어노트

- **电视** 텔레비전 · **坏了** 못쓰게 되다 · **空调** 냉난방 에어컨
- **水** 물 · **龙** 용 · **头** 머리 · **水龙头** 수도꼭지

The television is out of order.

텔레비전이 고장 났습니다.

The air conditioner is out of order.

에어컨이 고장 났습니다.

The tap is broken.

수도가 고장 났습니다.

**❶ 조사 了**

조사 了는 동사 혹은 형용사의 뒤에 와서 동작 또는 변화가 이미 완료(완성) 되었음을 의미한다.

**❷ 그 밖의 객실용품**

얼음 冰块儿(bīngkuàir), 비누 肥皂(féizào), 샴푸 洗发精(xǐfàjīng) 또는 洗发乳(xǐfàrǔ), 수건 毛巾(máojīn).

马桶坏了。

Mǎ tǒng huài le。

마 통 화이 러.

这里没有卫生纸。

Zhè lǐ méi yǒu wèi shēng zhǐ。

쩌 리 메이 요우 웨이 성 즈.

旁边的房间太吵了。

Páng biān de fáng jiān tài chǎo le。

팡 볜 더 팡 젠 타이 차오 러.

**단어노트**

- **马桶** 양변기 - **这里** 이곳 - **卫生** 위생 - **纸** 종이
- **卫生纸** 화장지, 휴지 - **旁边** 옆쪽 - **太** 너무 - **吵** 시끄럽다

The toilet is broken.

변기가 고장 났습니다.

There's no toilet paper here.

여기에 화장지가 없습니다.

The next room is too noisy

옆방이 너무 시끄러워요.

### 해법노트

**❶ 这里 VS 那里**

这里는 '이곳', '여기'라는 뜻으로 '这儿'로 바꾸어 사용할 수 있으며, 那里는 '저곳', '저기'라는 뜻으로 '那儿'로 바꾸어 사용할 수 있다.

**❷ 복합방위사 旁边**

명사 중 방향을 나타내는 단어를 방위사라고 한다. 旁边과 같은 복합방위사는 단독으로 쓰일 때도 있고, 명사 뒤에 쓰여서 장소명사가 아닌 명사를 장소명사화 할 수 있다. 예) 马桶旁边.

**❸ 太~了 구문**

'太~了 구문'은 '너무~하다', '아주~하다'라는 뜻으로 중간에는 형용사가 들어간다.

## ② 호텔의 기타 서비스

房间里可以上网吗？

Fáng jiān lǐ kě yǐ shàng wǎng ma?

팡 젠 리 커 이 상 왕 마?

有没有可以上网的地方？

Yǒu méi yǒu kě yǐ shàng wǎng de dì fang?

요우 메이 요우 커 이 상 왕 더 띠 팡?

小卖部在哪儿？

Xiǎo mài bù zài nǎr?

샤오 마이 뿌 짜이 나얼?

我想干洗我的西装。

Wǒ xiǎng gān xǐ wǒ de xī zhuāng。

워 샹 깐 시 워 더 시 좡.

### 단어노트

- **上** 올라가다 • **网** 그물 • **上网** 인터넷 하다 • **地方** 지역, 장소
- **小卖部** 매점, 작은 상점 • **干洗** 드라이 크리닝 • **西装** 양복

Can I use the Internet in my room?
방에서 인터넷 할 수 있습니까?

Is there a place where I can use the Internet?
인터넷 할 수 있는 곳이 있나요?

Where is the general store?
매점이 어디에 있나요?

I'd like to dry my suit.
제 양복을 드라이 세탁하고 싶습니다.

### 해법노트

**❶ 단순방위사 里**
단순방위사는 단음절이며, 방위사 중 가장 기본적인 형태이다. 일반 명사 뒤에 쓰여서 장소명사가 아닌 명사를 장소명사화 한다. 예) 일반명사(房间)+단순방위사(里)=房间里.

**❷ 이합사 上网**
이합사는 동사+명사(목적어) 형태로 이루어진 단어 조합으로, 영어의 숙어 혹은 관용구의 역할을 한다. 관용구는 두 개 이상의 단어로 이루어져 있으면서 그 단어들의 의미만으로는 전체의 의미를 알 수 없는 특수한 의미를 나타내는 어구이다. 이합사의 가장 대표적인 특징은 이합사 뒤에 목적어를 놓을 수 없다.

什么时候可以洗好？
Shén me shí hòu kě yǐ xǐ hǎo?
선 머 스 허우 커 이 시 하오?

这里有游泳池吗？
Zhè lǐ yǒu yóu yǒng chí ma?
쩌 리 요우 요우 용 츠 마?

我想要按摩，按摩室在哪儿？
Wǒ xiǎng yào àn mó, àn mó shì zài nǎr?
워 샹 야오 안 모, 안 모 스 짜이 나얼?

**단어노트**

- **洗** 씻다, 세탁하다 • **好** 좋다 • **游泳** 수영(하다) • **池** 연못
- **游泳池** 수영장 • **按摩** 안마 • **室** 실, 방

When does the laundry finish?

언제 세탁이 끝나나요?

Is there a swimming pool here?

여기에 수영장 있습니까?

Can I get a massage? Where is the massage room?

안마를 받고 싶은데, 안마실이 어디인가요?

### 해법노트

**❶ 결과 보어 好**

결과 보어 好는 동사 뒤에 붙어서 '다했다', '잘 했다'라는 의미로 사용되며, 완벽함이나 동작의 만족스러운 결과를 나타낸다.

**❷ 想要 VS 要想**

想要는 조동사(想)+동사(要) 구조로 '~하려고 하다' 혹은 '원하다'라는 뜻을 가지고 있는 반면에, 要想은 조동사(要)+동사(想) 구조로 '생각해 보려고 한다'는 뜻이다.

## ③ 체크아웃

我要退房。

Wǒ yào tuì fáng。

워 야오 퉤이 팡.

我要刷卡。

Wǒ yào shuā kǎ。

워 야오 쏴 카.

请给我发票。

Qǐng gěi wǒ fā piào。

칭 게이 워 파 퍄오.

能不能把行李存放到两点？

Néng bu néng bǎ xíng li cún fàng dào liǎng diǎn?

넝 뿌 넝 바 싱 리 촌 팡 따오 량 덴.

我把东西忘在房间里了。

Wǒ bǎ dōng xi wàng zài fáng jiān lǐ le。

워 바 똥 시 왕 짜이 팡 젠 리 러.

I'll check out.

체크아웃 하겠습니다.

I'll pay with my credit card.

신용카드로 결제하겠습니다.

Please give me the receipt.

영수증 주시겠어요.

Can I keep my luggage until 2 o'clock ?

제 짐을 2시까지 보관해도 되나요?

I left something in my room.

방에 물건을 놓고 왔습니다.

**단어노트**

- **退** 물러나다
- **退房** 퇴실, 체크아웃
- **发** 발급하다
- **票** 표
- **发票** 영수증을 발행하다
- **两** 둘
- **忘** 잊다
- **存放** (돈이나 물품을) 맡겨서 보관하여 두다

## 계림에 가볼까!

계림은 중국 남서부에 위치해 있으며, 면적 27,809㎢, 인구 약 5백만 명, 5개의 구와 10개의 현으로 구성되어 있는 관광도시이다.

계림(桂林)의 명칭은 옛날에 계수나무가 많아서 붙여진 이름이며, 그 뜻은 '계수나무 꽃이 흐드러지게 피는 곳'이다. 지금은 아니지만, 한때 광시성(廣西省)의 성도(省都)가 된 적도 있다.

계림은 '계림의 산수는 천하제일이다(桂林山水甲天下)' 라는 명성을 들을 정도로 세계적으로 유명한 관광지 중의 하나이다. 이곳의 독특한 모양의 기암괴석은 카르스트지형이 지각변동으로 인해 해저가 돌출하여 만들어진 것이다. 빼어난 산수와 독특한 지형 때문에 과거 각종 영화의 배경장소로 이용되었다. 유명한 영화 《소림사(少林寺)》도 이곳에서 촬영하였다.

연평균 기온은 18.8℃이고, 아열대 기후로 4계절 내내 따뜻하여 여행하기에 아주 적당한 곳이다.

# 연습문제 UNIT 07

**01** 아래 보기의 단어와 뜻이 서로 어울리는 것을 골라 짝을 맞추어 보세요.

| | |
|---|---|
| 明天 • | • 냉난방 에어컨 |
| 空调 • | • 양복 |
| 马桶 • | • 수영장 |
| 西装 • | • 내일 |
| 游泳池 • | • 양변기 |

**02** 주어진 단어의 뜻을 빈칸에 적어보세요.

① 退房 (　　　　)
② 按摩 (　　　　)
③ 小卖部 (　　　　)
④ 卫生纸 (　　　　)
⑤ 电视 (　　　　)

**03** 주어진 문장의 한어병음(성조포함)을 빈칸에 적어보세요.

① 我不喜欢这个房间。 (　　　　)
② 这里没有卫生纸。 (　　　　)
③ 我想要按摩。 (　　　　)
④ 请给我发票。 (　　　　)
⑤ 什么时候可以洗好? (　　　　)

## 04 다음 문장을 해석해 보세요.

① 请现在整理一下我的房间。

② 旁边的房间太吵了。

③ 能不能把行李存放到两点?

④ 旁边的房间太吵了。

⑤ 水龙头坏了。

## 05 다음 문장을 중국어로 작문해보세요.

① 수건이 없습니다. 한 장 가져다주세요.

② 방에서 인터넷 할 수 있습니까?

③ 제 양복을 드라이 세탁하고 싶습니다.

④ 방에 물건을 놓고 왔습니다.

⑤ 저는 이 방이 마음에 들지 않습니다.

UNIT 08

# 기차 · 렌터카 이용하기 1

## 주요내용

- 기차표 구매하기
- 기차표 예매하기
- 기차 타기

# UNIT 08 기차·렌터카 이용하기 1

## ① 기차표 구매하기

有去南京的火车票吗？
Yǒu qù nán jīng de huǒ chē piào ma?
요우 취 난 징 더 훠 처 퍄오 마?

我要三张早上九点的票。
Wǒ yào sān zhāng zǎo shang jiǔ diǎn de piào。
워 야오 산 짱 자오 상 지요 덴 더 퍄오.

没有硬座票吗？
Méi yǒu yìng zuò piào ma?
메이 요우 잉 쭤 퍄오 마?

没有硬卧票吗？
Méi yǒu yìng wò piào ma?
메이 요우 잉 워 퍄오 마?

### 단어노트

- **去** 가다
- **南京** 난징(남경)
- **火车** 기차
- **九** 숫자 9
- **硬座** 딱딱한 좌석
- **硬卧** 딱딱한 침대

Do you have a train ticket to Nanjing?

난징에 가는 기차표 있습니까?

Can I have three tickets for 9 am?

아침 9시 걸로 3장 주세요.

Do you have a hard seat train ticket?

딱딱한 좌석열차표 없나요?

Do you have a hard sleeper train ticket?

딱딱한 침대열차표 없나요?

### 해법노트

**❶ 硬卧票 VS 软卧票**

중국에는 10시간 이상 운행하는 기차가 많기 때문에 간혹 기차 안에는 일반좌석과 침대칸이 동시에 존재한다. 침대칸은 또 딱딱한 침대칸(硬卧票)과 부드러운 침대칸(软卧票)으로 구분되는데, 장거리를 여행할 경우 가격이 좀 비싸더라도 软卧票를 구매하는 것이 좋다.

**❷ 수량사의 수식어구**

수량사는 수사+양사+명사(중심어)의 구조로 되어있는데, 이때 명사를 수식해야 할 경우 그 수식어구는 명사 앞에 놓는다. 예) 수사+양사+수식어구+명사.

有没有学生票？

Yǒu méi yǒu xué shēng piào?

요우 메이 요우 쉐 성 퍄오?

给我两张软卧票吧。

Gěi wǒ liǎng zhāng ruǎn wò piào ba。

게이 워 량 짱 롼 워 퍄오 바.

你要下铺还是上铺？

Nǐ yào xià pù hái shì shàng pù?

니 야오 샤 푸 하이 스 상 푸?

上铺。一共多少钱？

Shàng pù。yí gòng duō shao qián?

상 푸. 이 꽁 둬 샤오 첸?

### 단어노트

- **学生** 학생
- **软卧票** 쿠션침대 열차표
- **铺** 깔다, 침상, 가게
- **下铺** 이층 침대의 하단
- **上铺** 이층 침대의 상단
- **一共** 모두, 총

Do you have student tickets ?

학생표 있나요?

Give me two soft sleeper train ticket.

쿠션 침대열차표 2장 주세요.

Downstairs ? Upstairs ?

아래층이요 위층이요?

Upstairs. How much is it in total ?

위층이요. 총 얼마입니까?

### 해법노트

**❶ 동사 要**

동사 要는 '구하다', '요구하다'라는 뜻이지만, 가끔 '주세요'라는 뜻으로 쓰이기도 한다. 예) 我要软卧票.

**❷ 명사 一共**

一共은 명사이면서 부사이기도 하며, 그 뜻은 '합계', '전부', '모두'이다. 비슷한 표현으로 부사 总共(zǒnggòng)이 있다.

## ② 기차표 예매하기

火车站在什么地方？

Huǒ chē zhàn zài shén me dì fang?

훠 처 짠 짜이 선머 띠 팡?

售票处在哪儿？

Shòu piào chù zài nǎr?

서우 퍄오 추 짜이 나얼?

预售柜台在哪里？

Yù shòu guì tái zài nǎ lǐ?

위 서우 꿰이 타이 짜이 나 리?

这里可以订票吗？

Zhè lǐ kě yǐ dìng piào ma?

쩌 리 커 이 띵 퍄오 마?

### 단어노트

- **火车站** 기차역
- **什么地方** 어디, 어느 곳
- **售** 팔다
- **处** 처, 장소
- **售票处** 매표소
- **预售** 예매(하다)
- **柜台** 카운터
- **订票** 표를 예매하다

Where is the train station?

기차역이 어디입니까?

Where is the ticket office?

매표소가 어딘가요?

Where is the ticket window for reservation?

예매표 창구는 어디인가요?

Can I make a reservation here?

여기서 예매할 수 있나요?

### 해법노트

**❶ 哪儿 vs 什么地方**

哪儿은 '어디', '어느 곳'이란 뜻의 의문대명사인 반면에, 什么地方은 의문대명사 什么(무슨)과 명사 地方(지역)이 결합하여 만들어진 어구이다. 뜻은 둘 다 똑같지만, 什么地方 형태의 의문사를 사용하면 '분석'의 의미를 갖는다. 예) 뭐하는 곳.

**❷ 哪儿 vs 哪里**

哪儿과 哪里는 모두 '어디', '어느 곳'이란 뜻의 의문대명사이지만, 哪儿은 주로 말할 때 많이 사용되고, 哪里는 겸손하게 자신에 대한 칭찬을 부정할 때 사용되기도 한다. 예) 哪里哪里.

预售可以打折吗？

Yù shòu kě yǐ dǎ zhé ma?

위 서우 커 이 다 저 마?

去西安的车几点出发？

Qù xī ān de chē jǐ diǎn chū fā?

취 시 안 더 처 지 덴 추 파?

我可以买往返票吗？

Wǒ kě yǐ mǎi wǎng fǎn piào ma?

워 커 이 마이 왕 판 퍄오 마 ?

我要单程票。

Wǒ yào dān chéng piào。

워 야오 딴 청 퍄오.

**단어노트**

- **打** 치다
- **折** 자르다
- **打折** 할인하다
- **车** 차, 차편
- **出发** 출발(하다)
- **买** 사다
- **往返** 왕복(하다)
- **往返票** 왕복표
- **单程** 편도
- **单程票** 편도표

Can I get a discount if I make a reservation ?

예매하면 할인 되나요?

When does the train leave for Xi'an ?

시안 가는 기차는 언제 출발합니까?

Can I buy a round-trip ticket ?

왕복표를 구매할 수 있나요?

A one-way ticket, please.

편도 주세요.

### 해법노트

**❶ 打折 VS 打八折**

'할인하다'란 뜻의 打折는 동사 打(치다)와 또 다른 동사 折(꺾다)가 결합된 단어이다. 이때 20%를 할인해 준다는 뜻은 '打八折'라고 작문할 수 있다.

**❷ 几点 VS 什么时候**

几点은 단순히 '몇 시?'라는 의미로 사용되지만, '什么时候'는 '언제', '어느 때' 등 아주 포괄적으로 사용되며, 특정한 시간을 물어볼 때도 쓰인다.

我要往返票。

Wǒ yào wǎng fǎn piào。

워 야오 왕 판 퍄오.

我要特快。

Wǒ yào tè kuài。

워 야오 터 콰이.

我要快速。

Wǒ yào kuài sù。

워 야오 콰이 수.

这张票可以退吗？

Zhè zhāng piào kě yǐ tuì ma?

쩌 짱 퍄오 커 이 퉤이 마?

**단어노트**

**要** 필요하다 **特快** 특급열차 **快速** 직통 혹은 쾌속열차
**退** 물러나다, 반환하다

A round-trip ticket, please.

왕복 주세요.

Can I get a express train ?

특급열차로 주세요.

Can I have a direct train ?

직행열차로 주세요.

Can I refund this ticket ?

이 표 환불할 수 있나요?

### 해법노트

**❶ 特快 VS 普快**

중국에서는 특급열차와 쾌속열차 등 다양한 열차가 있으며, 普快(pǔkuài)는 일반 열차 중에서 가장 느리며 정차하는 역이 매우 많은 열차이다.

**❷ 중국의 고속열차**

중국의 고속열차는 최고속도가 약 350km인 高铁(gāotiě)와 최고속도가 약 300km인 动车(dòngchē)로 구분할 수 있다. 高铁는 베이징과 상하이 등 거대도시를 오가며, 动车는 대부분의 대도시를 왕복 운행한다.

## ③ 기차 타기

**五号月台在哪儿？**
Wŭ hào yuè tái zài năr?
우 하오 웨 타이 짜이 나얼?

**去西安的车在哪个月台上车？**
Qù xī ān de chē zài nă ge yuè tái shàng chē?
취 시 안 더 처 짜이 나 거 웨 타이 상 처?

**现在可以进去吗？**
Xiàn zài kě yĭ jìn qù ma?
시엔 짜이 커 이 진 취 마?

**等几分钟才能进去？**
Děng jĭ fēn zhōng cái néng jìn qù?
덩 지 펀 쫑 차이 넝 진 취?

### 단어노트

- **月台** 플렛폼, 승차장 • **上** 오르다 • **上车** 상차하다, 차에 타다
- **进** (밖에서 안으로) 들다 • **进去** 들어가다 • **等** 기다리다
- **几** 몇 • **分** (시간) 분 • **钟** 시간 • **才** 이제, 겨우, 비로소

## Where is the platform number five?

5번 승강장이 어디인가요?

## Which platform do I have to take for Xi'an?

시안에 가는 기차는 어느 승강장에서 타나요?

## Can I go in now?

지금 들어가도 되나요?

## How long can I wait to get in?

몇 분 기다려야 들어갈 수 있나요?

### 해법노트

**❶ 进去 VS 进来**

进은 '(밖에서 안으로) 들다'란 뜻으로, 그 동작이나 행위의 방향을 보충할 때는 '进' 뒤에 단순방향보어인 去와 来를 쓸 수 있다. 进去는 상대방이 밖에 있는 상황에서 행위자가 밖에서 안으로 '들어간다'는 뜻이고, 进来는 상대방이 안에 있는 상황에서 행위자가 밖에서 안으로 '들어온다'는 뜻이다.

**❷ 부사 才**

부사 才는 ① 수량이 적음 · 정도가 낮음 · 횟수가 적음 · 능력이 떨어짐 등을 나타낼 때 '겨우', '고작', '기껏'이란 뜻으로 사용되고(예, 他今年才九岁.), ② 일의 발생이나 결말이 늦음을 나타낼 때도 '이제서야', '비로소'란 뜻으로 사용된다.(예, 你怎么现在才来?)

这列车是去西安的吗？

Zhè liè chē shì qù xī ān de ma?

쩌 례 처 스 취 시 안 더 마?

去西安的什么时候到？

Qù xī ān de shén me shí hòu dào?

취 시 안 더 선 머 스 허우 따오?

去西安的车什么时候可以上车？

Qù xī ān de chē shén me shí hòu kě yǐ shàng chē?

취 시 안 더 처 선 머 스 허우 커 이 상 처?

这站是哪里？

Zhè zhàn shì nǎ lǐ?

쩌 짠 스 나 리?

下一站是在哪里？

Xià yí zhàn shì zài nǎ lǐ?

샤 이 짠 스 짜이 나 리?

### 단어노트

- **列车** 열차, 기차
- **什么时候** 언제
- **这站** 이번 역
- **下一站** 다음 정거장

Does this train go to Xi'an ?

이 기차는 시안에 갑니까?

When does the train arrive for Xi'an ?

시안에 가는 기차, 언제 도착하나요?

When can I catch the train for Xi'an ?

시안에 가는 기차를 언제 승차할 수 있나요?

Where is this station ?

이번 역은 어디입니까?

Where is the next station ?

다음 역은 어디입니까?

### 해법노트

**❶ 是~的 구문**

是~的 구문은 어떤 행위가 이미 발생하였고, 그 행위가 발생한 시간, 장소, 방식 등을 구체적으로 강조해서 말하는 구문이다.

**❷ 조사 的**

조사인 的은 일반적으로 한정어+的+중심어 형태로 이루어지지만, 간혹 중심어가 없는 '的'자 구조를 이루어 명사화하는 데 사용되며 '~한 것'으로 해석한다. 예) 去西安的.

## 리장에 가볼까!

리장은 윈난성 북서부에 위치한 인구 약 120만 명의 소도시이자, 해발 2,400 m의 고산도시이다. 소수민족인 나시족의 전통문화로 이름이 알려진 세계적인 관광도시이기도 하다.

가볼만한 곳으로 중국 4대 고성 중의 하나로 유일하게 벽이 없는 구조인 리장 고성, 만년설이 덮인 옥룡설산(玉龍雪山), 아름다운 호수공원 흑룡담공원(黑龍潭公園) 등이 있으며, 그중 리장 고성은 나시족의 독특한 양식으로 지어졌다.

나시족의 가옥 양식의 특징은 쇠못을 사용하지 않기 때문에 지진이 발생해도 그 충격을 잘 흡수할 수 있다. 실제로 1996년 2월 진도 7.9의 큰 지진이 일어나 도시의 3분의 1이 파괴되는 큰 피해를 입었지만, 이 고성 지역만은 멀쩡했다.

1999년 4월 세계문화유산으로 지정된 후 중국정부도 고성에 대한 관심이 높아져 고성 내부에 지어졌던 현대식 건물을 모두 부수고 이전의 형태를 복원하였다. 연중 따듯한 날씨와 무더운 여름에도 고산의 시원한 바람으로 일 년 내내 관광객이 끊이지 않는다.

# 연습문제

UNIT 08

**01** 아래 보기의 단어와 뜻이 서로 어울리는 것을 골라 짝을 맞추어 보세요.

| | |
|---|---|
| 火车 • | • 특급열차 |
| 学生 • | • 편도 |
| 售票处 • | • 학생 |
| 单程 • | • 매표소 |
| 特快 • | • 기차 |

**02** 주어진 단어의 뜻을 빈칸에 적어보세요.

① 什么时候 (  )
② 月台 (  )
③ 直快 (  )
④ 打折 (  )
⑤ 柜台 (  )

**03** 주어진 문장의 한어병음(성조포함)을 빈칸에 적어보세요.

① 没有硬座票吗? (  )
② 你要下铺还是上铺? (  )
③ 预售柜台在哪里? (  )
④ 去西安的车几点出发? (  )
⑤ 这张票可以退吗? (  )

**04** **다음 문장을 해석해 보세요.**

① 五号月台在哪儿?

---

② 等几分钟才能进去?

---

③ 下一站是在哪里?

---

④ 这列车是去西安的吗?

---

⑤ 给我两张软卧票吧。

---

**05** **다음 문장을 중국어로 작문해보세요.**

① 지금 들어가도 되나요?

---

② 왕복 주세요.

---

③ 예매하면 할인 되나요?

---

④ 매표소가 어딘가요?

---

⑤ 학생표 있나요?

---

UNIT 09

# 기차 · 렌터카 이용하기 2

## 주요내용

- 좌석에 앉기
- 식당 칸 이용하기
- 렌터카 이용하기

# UNIT 09 기차·렌터카 이용하기 2

## ① 좌석에 앉기

这座位有人吗？

Zhè zuò wèi yǒu rén ma?

쩌 쮜 웨이 요우 런 마?

这是我的座位。

Zhè shì wǒ de zuò wèi。

쩌 스 워 더 쮜 웨이.

这是你的座位吗？

Zhè shì nǐ de zuò wèi ma?

쩌 스 니 더 쮜 웨이 마?

### 단어노트

- **座位** 좌석, 자리 • **有人** 사람이 있다 • **这** 이것 • **的** ~의
- **你** 당신, 너 • **吗** (의문대명사) ~입니까

Is anyone sitting here?

여기 자리 있나요?

This is my seat.

여기는 제 자리입니다.

Is this your seat?

이곳은 당신의 자리인가요?

### 해법노트

**❶ 겸어문 & 有人**

겸어문이란 앞에 있는 술어의 목적어가 뒤에 있는 술어의 주어로 사용되는 문장을 말한다. 예) 这座位有人(坐)吗? 앞 술어 有의 목적어는 人이고, 뒤 술어 坐의 주어 역시 人이다. 즉, 人은 앞 술어의 목적어이자 뒤 술어의 주어 역할을 겸하고 있어서 이러한 문장을 '겸어문'이라고 한다. 그래서 有人은 '어떤 사람'으로 해석해야 한다.

**❷ 这 VS 这个**

대명사 这는 단독으로 사용될 수 있으며, '이' 혹은 '이것'으로 해석한다. 대명사 这个는 '이것'이란 뜻으로 어떠한 사물을 대신하거나, '那个(저것)'과 호응하여 불특정한 사람이나 사물을 나타내기도 한다.

请确认一下。

Qǐng què rèn yí xià。

칭 췌 런 이 샤.

麻烦您帮我关上窗户。

Má fán nín bāng wǒ guān shàng chuāng hu。

마 판 닌 빵 워 관 상 촹 후.

麻烦您帮我开一下窗户。

Má fán nín bāng wǒ kāi yí xià chuāng hu。

마 판 닌 빵 워 카이 이 샤 촹 후.

**단어노트**

- **请** 해 주세요
- **确认** 확인하다
- **一下** (동사 뒤에 쓰임) 한번
- **麻烦** 귀찮게 하다
- **帮** 돕다
- **关** 닫다
- **关上** (문을) 닫다
- **窗户** 창문
- **开** 열다

Check it up.

확인해 보세요.

Could you close the window, please ?

창문 좀 닫아주시겠어요.

Could you open the window, please ?

창문 좀 열어주시겠어요.

### 해법노트

**❶ 결과보어 上**

결과보어 上은 동사 뒤에 놓여서 동사의 의미를 보충 설명해주는 성분이다. 주로 결합, 부착의 의미로 사용된다. 예) 关上窗户, 穿上衣服 등.(穿, chuān, 옷 등을 입다)

**❷ 동사 麻烦**

麻烦은 원래 형용사로 '귀찮다'라는 뜻이나, 가끔 동사로 쓰여 '귀찮게(번거롭게) 하다', '성가시게 굴다', '부담을 주다', '폐를 끼치다'란 뜻으로 사용된다.

## ② 식당칸 이용하기

餐厅在几号车厢？

Cān tīng zài jǐ hào chē xiāng?

찬 팅 짜이 지 하오 처 샹?

来一个方便面。

Lái yí ge fāng biàn miàn。

라이 이 거 팡 벤 몐.

来一瓶矿泉水。

Lái yì píng kuàng quán shuǐ。

라이 이 핑 쾅 취엔 쉐이.

给我热水。

Gěi wǒ rè shuǐ。

게이 워 러 쉐이.

请问，热水在哪儿？

Qǐng wèn, rè shuǐ zài nǎr?

칭 원 , 러 쉐이 짜이 나얼?

Which section is the restaurant in?

식당은 몇 번째 칸에 있나요?

Give me a cup noodle, please.

컵라면 하나 주세요.

A bottle of water, please.

생수 한 병 주세요.

Give me hot water.

뜨거운 물 주세요.

Where is the hot water?

뜨거운 물은 어디에 있나요.

### 단어노트

- **餐厅** 식당
- **车厢** 객실이나 수화물 칸
- **方便面** 컵라면
- **瓶** (물건을 세는 단위) 병
- **矿泉水** 생수
- **热水** 뜨거운 물

## ③ 렌터카 예약하기

**我想租车旅游一天。**

Wǒ xiǎng zū chē lǚ yóu yì tiān。

워 샹 주 처 뤼 요우 이 텐.

**我想去華清池、秦始皇陵两个地方。**

Wǒ xiǎng qù huá qīng chí、qín shǐ huáng líng sān gè dì fang。

워 샹 취 화 칭 츠, 친 스 황 링 산 거 띠 팡.

**租一天多少钱？**

Zū yì tiān duō shao qián?

주 이 텐 둬 샤오 첸?

### 단어노트

- **租** 빌리다 • **旅游** 여행(하다) • **一天** 하루
- **華清池** 화칭츠(화청지) • **秦始皇** 진시황제 • **陵** 왕릉

I'd like to rent a rental car and travel for a day.

렌터카 빌려 하루 동안 여행하려고 합니다.

I want to go to two places: Huaqingchi, Qinshihuangling.

화청지, 진시황릉 2곳에 가고 싶습니다.

How much is it to rent a day ?

하루 빌리는데 얼마죠?

### 해법노트

**❶ 조동사 想**

想은 원래 동사로 '생각하다', '그리워하다'란 뜻을 가지고 있다. 조동사로 쓰일 때는 '~하고 싶다'라고 해석한다.

**❷ 동량보어**

동량보어는 동작의 횟수를 보충해주는 보어이다. '我想租车旅游一天'에서 '一天'이 바로 동량보어이다. 어순은 '동사+동작의 횟수' 순이다.

国产车租一天多少钱?

Guó chǎn chē zū yì tiān duō shao qián?

궈 찬 처 주 이 텐 둬 샤오 첸?

面包车多少钱？

Miàn bāo chē duō shao qián?

멘 빠오 처 둬 샤오 첸?

能不能便宜点？

Néng bu néng pián yi diǎn?

넝 뿌 넝 피엔 이 덴?

六百块可不可以？

Liù bǎi kuài kě bu kě yǐ?

류 바이 콰이 커 부 커 이?

단어노트

- **国产** 국산 · **国产车** 국산차 · **面包** 빵 · **面包车** 봉고차
- **便宜** 싸다 · **六** 숫자 6 · **百** 백 · **块** 덩어리, (화폐) 원

How much is a Chinese car per day?

국산차는 하루에 얼마죠?

How much is a minibus?

봉고차는 얼마입니까?

Please make it cheaper.

싸게 해주세요.

How about 600 yuan?

6백 위안 어때요?

### 해법노트

**❶ 조동사 会**

조동사 会는 '할 수 있다'는 뜻이지만 그 뜻에는 '(후천적으로 배워서) 할 수 있다'는 의미가 내포되어 있다. 예) **我会喝酒。**(나는 술을 배워서 마실 수 있다.)

**❷ 조동사 能**

조동사 能은 '할 수 있다'는 뜻이지만 그 뜻에는 '(객관적으로 능력 혹은 조건이 되어서) 할 수 있다'는 의미가 내포되어 있다. 예) **我能喝酒。**(나는 주량이 세서 술을 잘 마실 수 있다.)

**❸ 조동사 可以**

조동사 可以는 '할 수 있다'는 뜻이지만 그 뜻에는 '(주관적으로 허락 혹은 상황이 되어서) 할 수 있다'는 의미가 내포되어 있다. 예) **我可以喝酒。**(나는 성인이 되어서 술을 마실 수 있다.)

## 장가계에 가볼까!

중국의 대표적인 여행 도시 가운데 하나로 호남성 서북쪽에 있는 우링산맥의 중앙에 위치해 있다. 1개의 구(우링위안구)와 3개의 현(츠리, 융딩, 쌍즈현)으로 구성되어 있으며, 인구 약 160만 명의 소도시이다.

기원전 221년부터 도시가 있었으며 그때는 대룡(大庸)이라고 불렀다. 1988년 5월 지급시(地級市)로 승격되었다가, 1994년 4월 4일 장가계시로 명칭을 바꾸었다.

장가계는 아름다운 자연경관과 독특한 기암괴석으로 많은 관광객이 찾고 있는 곳으로 1982년 9월 중국 최초로 국가삼림공원이 되었으며, 1988년 8월에는 무릉원(武陵源)이 국가 중요 자연풍경구로 지정되었다. 1992년에는 장가계 국가삼림공원, 삭계욕 풍경구, 천자산(天子山) 풍경구가 무릉원 자연풍경구와 함께 세계자연유산으로 등록되었다.

# 연습문제 UNIT 09

**01** 아래 보기의 단어와 뜻이 서로 어울리는 것을 골라 짝을 맞추어 보세요.

| | |
|---|---|
| 座位 • | • 좌석 |
| 窗户 • | • 객실 |
| 车厢 • | • 창문 |
| 秦始皇 • | • 빵 |
| 面包 • | • 진시황제 |

**02** 주어진 단어의 뜻을 빈칸에 적어보세요.

① 国产车 (　　　　　　)
② 華清池 (　　　　　　)
③ 方便面 (　　　　　　)
④ 确认 (　　　　　　)
⑤ 这 (　　　　　　)

**03** 주어진 문장의 한어병음(성조포함)을 빈칸에 적어보세요.

① 这是我的座位。 (　　　　　　　　　　)
② 请确认一下。 (　　　　　　　　　　)
③ 餐厅在几号车厢? (　　　　　　　　　　)
④ 租一天多少钱? (　　　　　　　　　　)
⑤ 能不能便宜点? (　　　　　　　　　　)

## 04 다음 문장을 해석해 보세요.

① 这座位有人吗?

______________________________

② 麻烦您帮我关上窗户。

______________________________

③ 请问，热水在哪儿?

______________________________

④ 我想去華清池、秦始皇陵两个地方。

______________________________

⑤ 国产车租一天多少钱?

______________________________

## 05 다음 문장을 중국어로 작문해보세요.

① 이곳은 당신의 자리인가요?

______________________________

② 창문 좀 열어주시겠어요.

______________________________

③ 식당은 몇 번째 칸에 있나요?

______________________________

④ 렌터카 빌려 하루 동안 여행하려고 합니다.

______________________________

⑤ 봉고차는 얼마입니까?

______________________________

UNIT 10

# 택시 이용하기

## 주요내용

- 공항가기
- 목적지로 이동하기
- 호텔로 가기
- 택시에서 내릴 때

# UNIT 10 택시 이용하기

## 1 택시로 공항 가기

师傅，去机场吧。

Shī fu，qù jī chǎng ba。

스 푸, 취 지 창 바.

国际机场，还是国内机场？

Guó jì jī chǎng，hái shì guó nèi jī chǎng?

궈 지 지 창, 하이 스 궈 네이 지 창?

去国际机场。

Qù guó jì jī chǎng。

취 궈 지 지 창.

请您打开一下后备箱。

Qǐng nín dǎ kāi yí xià hòu bèi xiāng。

칭 닌 다 카이 이 샤 허우 뻬이 샹.

### 단어노트

- **师傅** 사부, 운전사
- **机场** 공항
- **吧** (문장 끝에 쓰임) ~하자
- **国际** 국제
- **国内** 국내
- **后备箱** 자동차 트렁크

Sir, please go to the airport.

기사님, 공항으로 가주세요.

International airport or domestic airport?

국제공항이요, 국내공항이요?

Please go to the international airport.

국제공항으로 가주세요.

Please open the trunk.

트렁크 좀 열어주세요.

### 해법노트

**❶ 조사 吧**

문장 끝에 쓰여 상의 · 제안 · 청구 · 권유 · 명령 · 독촉의 어기를 나타내거나, 동의 또는 승낙의 어기를 표현한다. '~하자', '~해라' 등의 형태로 쓰인다.

**❷ 결과보어 开**

开는 원래 '(닫힌 것을) 열다' 혹은 '(차량 따위를) 운전하다'란 뜻의 동사이나, 가끔 동사 뒤에 쓰여 결과보어 역할을 한다.

**请把行李放在后备箱里。**

Qǐng bǎ xíng li fàng zài hòu bèi xiāng lǐ。

칭 바 싱 리 팡 짜이 허우 뻬이 샹 리.

**可以把行李放在车上吗？**

Kě yǐ bǎ xíng li fàng zài chē shàng ma?

커 이 바 싱 리 팡 짜이 처 상 마?

**你坐哪家航空？**

Nǐ zuò nǎ jiā háng kōng?

니 쭤 나 쟈 항 콩?

**我坐大韩航空。**

Wǒ zuò dà hán háng kōng。

워 쭤 따 한 항 콩.

### 단어노트

- **行李** 짐
- **放** 놓다
- **在** ~에(서)
- **里** 안
- **坐** 타다
- **哪** 어느
- **家** (물건을 세는 단위) 상점, 회사
- **航空** 항공
- **大韩航空** 대한항공

Please put my luggage in the trunk.

짐을 트렁크에 놓아주세요.

Can I put my luggage in the car?

짐을 차 안에 놓아도 되나요?

Which flight are you taking?

어느 비행기 타세요?

I'm taking Korean Air.

대한항공 탑니다.

**해법노트**

**❶ 양사 家**

家는 원래 '가정', '집안', '집' 등의 뜻을 가지고 있는 명사이나, 간혹 '가정' · '가게' · '기업' 따위를 세는 단위, 즉 양사로도 사용된다.

**❷ 동사 坐**

동사 坐는 원래 '앉다'라는 뜻을 가지고 있지만, 나중에 '(탈 것에) 타다'라는 뜻으로 의미가 확대되었다. 두 발을 모아 앉아서 타는 것에는 '坐'를 사용하고, 두 발을 벌려서 타는 말, 자전거, 오토바이 등에는 '骑(qí)'를 사용한다.

国际机场到了。

Guó jì jī chǎng dào le。

궈 지 지 창 따오 러.

多少钱？

Duō shao qián?

뚸 샤오 첸?

四十块。

Sì shí kuài。

쓰 스 콰이.

给你五十块，找我十块钱。

Gěi nǐ wǔ shí kuài，zhǎo wǒ shí kuài qián。

게이 니 우 스 콰이, 자오 워 스 콰이 첸.

**단어노트**

- **国际机场** 국제공항
- **到了** 도착했다
- **多少钱** 얼마입니까
- **四** 숫자 4
- **五** 숫자 5
- **找** 거슬러 주다

We arrived at the international airport.

국제공항에 도착했습니다.

How much is it?

얼마에요?

It's 40 yuan.

40 위안 입니다.

I'll give you 50 yuan, so give me back 10 yuan.

50 위안 드릴 테니, 10 위안 거슬러 주세요.

### 해법노트

**❶ 多少 VS 多少钱**

일반적으로 가격을 물어볼 때 '多少钱?'을 사용하지만, 가볍고 간단하게 물어볼 때는 '多少?'라고 할 수도 있다. 다만, '多少?'라고 말하면, 상대방이 불편해 할 수도 있다.

**❷ 동사 找**

동사 找는 원래 '찾다', '물색하다'라는 뜻을 가지고 있지만, 나중에 '(돈을) 거슬러 주다'는 뜻으로 의미가 확대되었다. 找는 수여동사('주다'류 동사)이므로, 간접목적어와 직접목적어를 동반할 수 있다.

## ② 목적지로 이동하기

出租车在哪儿？

Chū zū chē zài nǎr?

추 주 처 짜이 나얼?

对面就是。

Duì miàn jiù shì。

뒈이 멘 지요 스.

去五道口。

Qù wǔ dào kǒu。

취 우 따오 커우.

我要去这儿。

Wǒ yào qù zhèr。

워 야오 취 쩌어.

**단어노트**

- **出租** 세를 놓다 • **出租车** 택시 • **对面** 맞은편 • **就** 곧, 바로
- **五道口** 북경에 있는 지명 • **这儿** 이곳, 여기

Where is the taxi?

택시가 어디에 있나요?

It's across the street.

건너편에 있습니다.

To Wudaokou, please.

우따오커우 가주세요.

I'm going to go here.

여기 가려고 합니다.

### 해법노트

**❶ 방위사 对面**

명사 중 방향을 나타내는 단어를 방위사라고 한다. 对面과 같은 복합방위사는 단독으로 쓰일 때도 있고, 명사 뒤에 쓰여서 장소명사가 아닌 명사를 장소명사화 할 수 있다. 예) 机场对面.

**❷ 这儿 VS 那儿**

这儿는 '이곳', '여기'라는 뜻으로 '这里'로 바꾸어 사용할 수 있으며, 那儿은 '저곳', '저기'라는 뜻으로 '那里'로 바꾸어 사용할 수 있다.

到上海饭店十七块钱，行吗？

Dào shàng hǎi fàn diàn shí qī kuài qián，xíng ma?

따오 상 하이 판 덴 스 치 콰이 첸, 싱 마?

走最近的路吧。

Zǒu zuì jìn de lù ba。

쩌우 쮀이 진 더 루 바.

停这儿吧。

Tíng zhèr ba。

팅 쩌얼 바.

我在这儿下车。

Wǒ zài zhèr xià chē。

워 짜이 쩌얼 샤 처.

五道口离这儿远吗？

Wǔ dào kǒu lí zhèr yuǎn ma?

우 따오 커우 리 쩌얼 위엔 마?

**단어노트**

- **七** 숫자 7
- **走** 걷다, 가다
- **最近** 가장 가까운
- **路** 길
- **停** 멈추다
- **下车** 하차하다
- **离** ~에서 (거리가)
- **远** 멀다

Can I give you 17 yuan to Shanghai Hotel?

상하이 호텔, 17 위안에 되나요?

Please take the shortest way.

최대한 단거리로 가주세요.

Please stop here.

여기서 세워주세요.

Let me get off here.

여기서 내리겠습니다.

Is it far from here to Wudaokou?

여기서 우따오커우까지 머나요?

### 해법노트

**❶ 上车 VS 下车**

上车와 下车는 모두 '동사+명사(목적어)' 형태로 구성된 이합사이다. 上车는 '차를 타다', '상차하다'라고 해석하고, 下车는 '차에서 내리다', '하차하다'라고 해석한다.

**❷ 개사 离**

离는 원래 '분리하다', '떠나다'라는 뜻을 가진 동사이지만, 나중에 '~에서', '~로부터', '~까지'라는 뜻의 개사로 의미가 확대되었다. 주로 공간적 · 시간적 거리를 나타낼 때 기준점이 되는 시간 · 장소를 나타내는 명사 앞에 쓴다.

## ③ 호텔로 가기

师傅，去上海饭店。
Shī fu,　qù shàng hǎi fàn diàn。
스 푸. 취 상 하이 판 덴.

打表去吧？
Dǎ biǎo qù ba?
다 뱌오 취 바?

去上海饭店多少钱？
Qù shàng hǎi fàn diàn duō shao qián?
취 상 하이 판 덴 둬 샤오 첸.

得多长时间？
Děi duō cháng shí jiān?
데이 둬 창 스 젠?

### 단어노트

- **表** 표, 계기판 • **打表** 메타기를 켜다
- **得** (시간 · 금전 등이) 걸리다 • **多长时间** 얼마나 긴 시간

Sir, please go to the Shanghai Hotel.

기사님, 상하이 호텔로 가주세요.

You're paid according to the dashboard, right?

계기판에 따라 돈 받죠?

How much is it to the Shanghai Hotel?

상하이 호텔까지 얼마입니까?

How long does it take?

얼마나 걸리나요?

### 해법노트

**❶ 연동문 打表去**

연동문이란 한 문장에 동사(술어)가 두 개로 두 동작 혹은 행위가 연속해서 발생할 때 사용한다. 기본적인 구조는 주어+동사1+명사1(목적어1)+동사2+명사2(목적어2)이다. 간혹 목적어는 생략이 가능하다. 예) 打表去吧? 여기서 명사2(목적어2)는 생략되었다.

**❷ 동사 得**

동사 得은 두 가지로 발음할 수 있다. 'dé'로 발음하면 '얻다', '획득하다'라는 뜻이고, 'děi'로 발음하면 '(시간 · 금전 등이) 걸리다', '필요하다'는 뜻으로 해석된다.

你走哪条路？

Nǐ zǒu nǎ tiáo lù?

니 쩌우 나 탸오 루?

走最快的路吧。

Zǒu zuì kuài de lù ba。

쩌우 쮀이 콰이 더 루 바.

我赶时间。快一点儿可以吗？

Wǒ gǎn shí jiān。Kuài yì diǎnr kě yǐ ma?

워 간 스 젠. 콰이 이 덴 커 이 마?

太快了。慢一点可以吗？

Tài kuài le。 Màn yì diǎn kě yǐ ma?

타이 콰이 러. 만 이 덴 커 이 마?

**단어노트**

- **最快** 가장 빠른
- **赶** (열차 · 버스 따위의 시간에) 맞추다
- **时间** 시간
- **快** 빠르다
- **慢** 느리다

Which way do you want to go?
어느 길로 가시죠?

Please take the fastest route.
가장 빠른 길로 가주세요.

I don't have time, so please hurry up.
시간이 없는데, 좀 빨리 가주세요.

It's too fast. Please go slowly.
너무 빨라요. 천천히 가주세요.

### 해법노트

**❶ 동사 赶**

동사 赶은 원래 '뒤쫓다', '따라가다'라는 뜻을 가졌지만, 나중에 의미가 확대되어 '(열차 · 버스 따위의 시간에) 맞추다'라는 뜻을 가지게 되었다.

**❷ 一点儿의 생략형**

一点儿은 '조금'이란 뜻으로 ① 일반적으로 儿을 생략할 수 있고, ② 문장 앞머리에 쓰이지 않을 때에는 '一'를 생략할 수도 있다.

## ④ 택시에서 내릴 때

请开一张发票，好吗？

Qǐng kāi yì zhāng fā piào, hǎo ma?

칭 카이 이 짱 파 퍄오, 하오 마?

请把行李拿下来。

Qǐng bǎ xíng li ná xià lái。

칭 바 싱 리 나 샤 라이.

只收现金吗？

Zhǐ shōu xiàn jīn ma?

즈 서우 시엔 진 마?

我要微信支付。

Wǒ yào Wēi xìn zhī fù

워 야오 웨이 신 즈 푸

### 단어노트

- **开** 발급하다 · **发票** 영수증 · **行李** 짐 · **拿** 가지고 가다
- **下来** 내려오다 · **只** 단지, 오직 · **收** 받다 · **现金** 현금
- **微信** WeChat(중국의 모바일 메신저) · **支付** 지불하다

Give me a receipt.

영수증 발급해 주세요.

Please take out my luggage.

짐 좀 꺼내주세요.

Do you accept cash only ?

현금만 받습니까?

I want to pay by WeCaht.

저는 위챗 페이로 지불하겠습니다.

### 해법노트

**❶ 방향보어 下来**

下来는 원래 이합사로 ① 동사 뒤에 쓰여서 높은 곳에서 낮은 곳으로 또는 먼 곳에서 가까운 곳으로 향할 때 사용하거나 ② 동사 뒤에 쓰여서 분리의 의미를 나타낼 때 사용된다. 어순: 동사+下来.

**❷ 부사 只**

부사 只는 '단지', '오직', '겨우' 등의 뜻을 가지고 있으며, 간혹 '오직(단지)~밖에 없다' 혹은 '오직~하여야만' 등의 뜻으로도 사용된다.

收美金吗？

Shōu měi jīn ma?

서우 메이 진 마?

您有零钱吗？

Nín yǒu líng qián ma?

닌 요우 링 첸 마?

不用找钱。

Bú yòng zhǎo qián。

부 용 자오 첸.

**단어노트**

- **收** 받다 · **美金** 달러 · **零钱** 잔돈 · **不用** 필요 없다
- **找钱** 돈을 거슬러 주다

Do you accept American dollars ?

미국 달러 받아요?

Do you have change ?

잔돈 있으세요?

I don't need change.

거스름 돈 필요 없습니다.

**해법노트**

**❶ 零钱 VS 零用钱**

零钱은 원래 '소액화폐', '잔돈'이란 뜻을 가지고 있으나 그 의미가 나중에 확대되어 가끔 '부수입', '용돈'으로 사용되기도 한다. 零用钱은 원래 '용돈'이란 뜻이나 가끔 '잡비'란 뜻으로 사용되기도 한다.

**❷ 동사 不用**

동사 不用은 '~할 필요가 없다', '쓰지 않다'란 뜻을 가지고 있으며, 부정부사로 사용될 경우 不用+동사 형태로 사용되어 '~하지 마라', '~할 필요 없다'란 뜻으로 쓰인다.

## 연변에 가볼까?

연변은 길림성에 있는 조선족 자치주이다. 6개의 시와 2개의 현으로 구성되어 있으며 인구는 약 230만 명이다. 이곳에는 조선족 자치주답게 조선족이 전체 인구의 41%를 차지하며 나머지는 한족을 비롯해 소수민족인 만주족 · 회족 등 10개의 민족이 함께 살고있다.

조선족이 가장 많이 살고 잇는 연길시(延吉市)에는 조선 말기부터 한국인이 이주하여 개척한 곳으로 이전에는 북간도라고 불렀다.

일제강점기 시기 이곳은 독립운동의 근거지였다. 그래서 우리나라의 독립운동과 관련한 역사 유적지가 상당히 많다. 청산리 항일전승지 · 봉오동 항일전승지 · 일송정 등이 있다.

그밖에 백두산과 두만강 등 우리민족에게 역사 · 문화적으로 의미가 있는 많은 관광지가 있다.

# 연습문제 UNIT 10

**01** 아래 보기의 단어와 뜻이 서로 어울리는 것을 골라 짝을 맞추어 보세요.

| | |
|---|---|
| 机场 • | • 택시 |
| 出租车 • | • 현금 |
| 最近 • | • 잔돈 |
| 现金 • | • 가장 가까운 |
| 零钱 • | • 공항 |

**02** 주어진 단어의 뜻을 빈칸에 적어보세요.

① 发票 (　　　　　　)
② 找钱 (　　　　　　)
③ 多长时间 (　　　　　　)
④ 对面 (　　　　　　)
⑤ 航空 (　　　　　　)

**03** 주어진 문장의 한어병음(성조포함)을 빈칸에 적어보세요.

① 师傅，去机场吧。 (　　　　　　　　　　　　)
② 国际机场到了。 (　　　　　　　　　　　　)
③ 我在这儿下车。 (　　　　　　　　　　　　)
④ 你走哪条路? (　　　　　　　　　　　　)
⑤ 不用找钱。 (　　　　　　　　　　　　)

**04** **다음 문장을 해석해 보세요.**

① 你坐哪家航空?

______________________

② 我要去这儿。

______________________

③ 去上海饭店多少钱?

______________________

④ 请把行李拿下来。

______________________

⑤ 您有零钱吗?

______________________

**05** **다음 문장을 중국어로 작문해보세요.**

① 현금만 받습니까?

______________________

② 시간이 없는데, 좀 빨리 가주세요.

______________________

③ 계기판에 따라 돈 받죠?

______________________

④ 최대한 단거리로 가주세요.

______________________

⑤ 짐을 트렁크에 놓아주세요.

______________________

# 부록

- 한어성운결합표
- 단어색인

## 한어성운결합표(汉语声韵结合表)

| 운모 / 성모 | 1 | | | | | | | | | | | | | | | | | | | |
|---|---|---|---|---|---|---|---|---|---|---|---|---|---|---|---|---|---|---|---|---|
| | a | o | e | ĸ | -i | ai | ei | ao | ou | an | en | ang | eng | ong | er | i | ia | ie | iao | iou |
| b | ba | bo | | | | bai | bei | bao | | ban | ben | bang | beng | | | bi | | bie | biao | |
| p | pa | po | | | | pai | pei | pao | pou | pan | pen | pang | peng | | | pi | | pie | piao | |
| m | ma | mo | me | | | mai | mei | mao | mou | man | men | mang | meng | | | mi | | mie | miao | miu |
| f | fa | fo | | | | | fei | | fou | fan | fen | fang | feng | | | | | | | |
| d | da | | de | | | dai | dei | dao | dou | dan | den | dang | deng | dong | | di | | die | diao | diu |
| t | ta | | te | | | tai | | tao | tou | tan | | tang | teng | tong | | ti | | tie | tiao | |
| n | na | | ne | | | nai | nei | nao | nou | nan | nen | nang | neng | nong | | ni | | nie | niao | niu |
| l | la | | le | | | lai | lei | lao | lou | lan | | lang | leng | long | | li | lia | lie | liao | liu |
| g | ga | | ge | | | gai | gei | gao | gou | gan | gen | gang | geng | gong | | | | | | |
| k | ka | | ke | | | kai | kei | kao | kou | kan | ken | kang | keng | kong | | | | | | |
| h | ha | | he | | | hai | hei | hao | hou | han | hen | hang | heng | hong | | | | | | |
| j | | | | | | | | | | | | | | | | ji | jia | jie | jiao | jiu |
| q | | | | | | | | | | | | | | | | qi | qia | qie | qiao | qiu |
| x | | | | | | | | | | | | | | | | xi | xia | xie | xiao | xiu |
| zh | zha | | zhe | | zhi | zhai | zhei | zhao | zhou | zhan | zhen | zhang | zheng | zhong | | | | | | |
| ch | cha | | che | | chi | chai | | chao | chou | chan | chen | chang | cheng | chong | | | | | | |
| sh | sha | | she | | shi | shai | shei | shao | shou | shan | shen | shang | sheng | | | | | | | |
| r | | | re | | ri | | | rao | rou | ran | ren | rang | reng | rong | | | | | | |
| z | za | | ze | | zi | zai | zei | zao | zou | zan | zen | zang | zeng | zong | | | | | | |
| c | ca | | ce | | ci | cai | | cao | cou | can | cen | cang | ceng | cong | | | | | | |
| s | sa | | se | | si | sai | | sao | sou | san | sen | sang | seng | song | | | | | | |
| | a | o | e | ĸ | | ai | ei | ao | ou | an | en | ang | eng | | er | yi | ya | ye | yao | you |

### 1. 생략표기

1) iou, uei, uen

운모 iou, uei, uen은 앞에 성모가 있을 경우, 가운데 있는 운복을 생략한다. 즉 iu, ui, un으로 표기한다.

예 j+iou → jiu　　g+uei → gui　　h+uen → hun

2) ü, üe, üan, ün

ü나 ü로 시작되는 운모가 j, q, x와 결합할 때 ü위의 두 점을 생략한다.

예 j+ü → ju　　q+üan → quan　　x+üe → xue

### 2. [-i]의 발음

i가 "zh, ch, sh, r, z, c, s"와 결합할 때는 [이]로 발음하는 것이 아니고 [으]로 발음한다.

### 3. 격음(隔音)표기

i, u, ü가 단독으로 쓰이거나 i, u, ü로 시작하는 운모들은 성모와 결합되지 않을 때

| 2 | | | | | 3 | | | | | | | | | | 4 | | | |
|---|---|---|---|---|---|---|---|---|---|---|---|---|---|---|---|---|---|---|
| ian | in | ing | iang | iong | u | ua | uo | uai | uei | uan | uen | uang | ueng | ü | üe | üan | ün |
| bian | bin | bing | | | bu | | | | | | | | | | | | |
| pian | pin | ping | | | pu | | | | | | | | | | | | |
| mian | min | ming | | | mu | | | | | | | | | | | | |
| | | | | | fu | | | | | | | | | | | | |
| dian | | ding | | | du | | duo | | dui | duan | dun | | | | | | |
| tian | | ting | | | tu | | tuo | | tui | tuan | tun | | | | | | |
| nian | nin | ning | niang | | nu | | nuo | | | nuan | | | | nü | nüe | | |
| lian | lin | ling | liang | | lu | | luo | | | luan | lun | | | lü | lüe | | |
| | | | | | gu | gua | guo | guai | gui | guan | gun | guang | | | | | |
| | | | | | ku | kua | kuo | kuai | kui | kuan | kun | kuang | | | | | |
| | | | | | hu | hua | huo | huai | hui | huan | hun | huang | | | | | |
| jian | jin | jing | jiang | jiong | | | | | | | | | | ju | jue | juan | jun |
| qian | qin | qing | qiang | qiong | | | | | | | | | | qu | que | quan | qun |
| xian | xin | xing | xiang | xiong | | | | | | | | | | xu | xue | xuan | xun |
| | | | | | zhu | zhua | zhuo | zhuai | zhui | zhuan | zhun | zhuang | | | | | |
| | | | | | chu | chua | chuo | chuai | chui | chuan | chun | chuang | | | | | |
| | | | | | shu | shua | shuo | shuai | shui | shuan | shun | shuang | | | | | |
| | | | | | ru | | ruo | | rui | ruan | run | | | | | | |
| | | | | | zu | | zuo | | zui | zuan | zun | | | | | | |
| | | | | | cu | | cuo | | cui | cuan | cun | | | | | | |
| | | | | | su | | suo | | sui | suan | sun | | | | | | |
| yan | yin | ying | yang | yong | wu | wa | wo | wai | wei | wan | wen | wang | weng | yu | yue | yuan | yun |

앞 음절과 경계를 명확히 하기 위하여 y와 w를 첨부하거나 대체한다. y와 w는 성모가 아니라 격음 역할을 하는 자모이다.

1) i로 시작하는 운모
i, in, ing을 단독으로 쓸 때는 i 앞에 y를 첨부한다. 즉, i → yi, in → yin, ing → ying.
ie, iao, iang 등은 y로 i를 대체한다. 즉, ie → ye, iao → yao, iang → yang.

2) u로 시작하는 운모
u는 단독으로 쓸 때는 w를 첨부하여 u → wu 로 쓴다.
u로 시작하는 운모의 앞에 성모가 없을 때에는 u를 w로 대체한다. 즉, ua → wa, uei → wei, uang → wang.

3) ü로 시작하는 운모
ü로 시작하는 운모 앞에 성모가 없을 때에는 ü앞에 y를 첨부하고 ü의 두 점은 생략한다.
즉, ü → yu, üe → yue, üan → yuan

## 1글자

您 2인칭 존칭어
到 ~까지, 도착하다
叫 ~라고 부르다
赶 ~시간에 맞추다
住 ~에 살다
在 ~에 있다, ~에(서)
给 ~에게, 주다
离 ~에서 (거리가)
从 ~에서부터
把 ~을
有 ~을 가지고 있다
的 ~의
是 ~이다, 예, 맞다
吗 ~입니까
吧 ~하자
会 ~할 수 있다
能 ~할 수 있다
条 가늘고 긴 것
去 가다
来 가져오세요, 오다
拿 가지고 가다
个 개(양사)
找 거슬러 주다
走 걷다, 가다
得 걸리다
黑 검다
就 곧, 바로
没 과거부정부사
贵 귀하다
网 그물
机 기계, 기체
等 기다리다
路 길
长 길다
铺 깔다, 침상, 가게
夹 끼우게
我 나
坏 나쁘다
午 낮
太 너무
交 넘기다
倒 넘어지다
放 놓다
谁 누구
慢 느리다
再 다시
只 단지, 오직
关 닫다
你 당신
加 더하다
块 덩어리, (화폐) 원
钱 돈
帮 돕다
两 둘, 2
双 둘, 쌍
听 듣다, 캔
进 들다
掉 떨어지다
也 또한
喝 마시다
万 만, 10000
多 많다
话 말씀
说 말하다
对 맞다
很 매우

头 머리
吃 먹다
远 멀다
停 멈추다
几 몇
都 모두
门 문
水 물
退 물러나다, 반환하다
问 물어보다
换 바꾸다
转 바뀌다, 전환하다
忙 바쁘다, 긴박함
收 받다
发 발급하다
开 발급하다, 열다
找 방문하다
学 배우다, 학습하다, 공부하다
百 백, 100
瓶 병(양사)
送 보내다
度 보내다
见 보다
看 보다
不 부정부사
分 분, 나누다
借 빌리다
租 빌리다
色 빛, 색
快 빠르다
买 사다
人 사람
用 사용하다, 쓰다
间 사이, 칸
箱 상자
家 상점, 회사(양사)
新 새로운
糖 설탕
姓 성(씨), (성씨가) ~이다
岁 세, 살
税 세금
次 순서
五 숫자 5
四 숫자 4
七 숫자 7
九 숫자 9
三 숫자 3
一 숫자 1
六 숫자 6
十 숫자 10
点 시(시간)
钟 시간
吵 시끄럽다
口 식구
室 실, 방
写 쓰다
洗 씻다, 세탁하다
里 안
坐 앉다, 타다
药 약
稍 약간, 잠시
让 양보하다
呢 어기조사
哪 어느
颜 얼굴, 색
池 연못
笔 연필 또는 볼펜
零 영, 1

订 예약하다
上 오르다
和 와
了 완료형 조사
陵 왕릉
请 요청하다
龙 용
月 월
这 이것
才 이제, 겨우, 비로소
懂 이해하다
号 일, 번호
早 일찍이, 아침
忘 잊다
折 자르다
杯 잔
醒 잠에서 깨다
拿 잡다
张 장(양사)
盘 쟁반, 접시
晚 저녁, 늦은
第 제
赵 조
些 조금, 약간
纸 종이
好 좋다
行 좋다, 괜찮다
过 지나다
带 지니다
家 집
车 차, 차편
找 찾다
探 찾다
处 처, 장소
办 처리하다
千 천, 1000
取 취하다
打 치다
亲 친하다, 부모
空 텅 비다, 하늘
错 틀리다
售 팔다
安 편안하다
票 표
表 표, 계기판
想 하고 싶다
天 하늘, 일
要 해야한다, 하려고 한다
单 홑

## 2글자

打算 ~할 계획이다
可以 ~할 수 없다
最近 가장 가까운
最快 가장 빠른
转乘 갈아타다
感冒 감기
谢谢 감사하다
个人 개인
车厢 객실이나 수화물 칸
黑色 검정색
机场 공항
国内 국내
国产 국산
国际 국제
今年 금년

**禁止** 금지(하다)
**高兴** 기쁘다
**火车** 기차
**其他** 기타, 그 외
**南京** 난징(남경)
**下来** 내려오다
**明天** 내일
**空调** 냉난방 에어컨
**你家** 너희 집
**关上** 닫다
**美金** 달러
**美元** 달러
**鸡肉** 닭고기
**毯子** 담요
**你们** 당신들
**找钱** 돈을 거슬러 주다
**帮助** 돕다, 도움
**干洗** 드라이 크리닝
**进去** 들어가다
**椅背** 등받이
**硬座** 딱딱한 좌석
**硬卧** 딱딱한 침대
**热水** 뜨거운 물
**见面** 만나다
**请问** 말씀 좀 묻겠습니다
**对面** 맞은편
**存放** 맡겨서 보관하여 두다
**啤酒** 맥주
**晕机** 멀미
**打表** 메타기를 켜다
**多大** 몇 살이니?
**一共** 모두, 총
**目的** 목적
**身体** 몸

**哪儿** 어디
**坏了** 못쓰게 되다
**什么** 무엇
**开门** 문을 열다
**问题** 문제
**东西** 물건
**不及** 미치지 못하다
**房费** 방값
**押金** 보증금
**红酒** 붉은 포도주(레드 와인)
**比较** 비교적
**转机** 비행기를 갈아타다
**空房** 빈방
**面包** 빵
**师傅** 사부, 운전사
**上车** 상차하다, 차에 타다
**上海** 상하이(상해)
**颜色** 색깔
**样品** 샘플
**首尔** 서울
**礼物** 선물
**海关** 세관
**税金** 세금
**交税** 세금을 내다
**出租** 세를 놓다
**牛肉** 소고기
**毛巾** 수건
**手续** 수속
**游泳** 수영(하다)
**明星** 스타
**汽水** 스프라이트, 사이다
**时间** 시간
**西安** 시안(서안)
**开始** 시작하다

餐厅 식당
报单 신고서
申报 신고하다
便宜 싸다
不是 아니다
还是 아니면(또는)
爸爸 아빠
早上 아침
不行 안 된다
眼罩 안대
按摩 안마
安全 안전
认识 알다, 인식하다
马桶 양변기
西装 양복
西餐 양식
有人 어떤 사람
怎么 어떻게
多少 얼마
妈妈 엄마
没有 없다(가지고 있지 않다)
护照 여권
妹妹 여동생
大家 여러분
旅游 여행(하다)
旅行 여행(하다)
联系 연락(하다)
列车 열차, 기차
发票 영수증
营业 영업(하다)
旁边 옆쪽
预售 예매(하다)
今天 오늘
衣架 옷걸이
往返 왕복(하다)
外皮 외피, 케이스
星期 요일
我们 우리(들)
我家 우리 집
卫生 위생
保持 유지하다
留学 유학(하다)
肉类 육류
这里 이곳
这儿 이곳, 여기
这站 이번 역
耳机 이어폰
以前 이전
上铺 이층 침대의 상단
下铺 이층 침대의 하단
以后 이후
上网 인터넷 하다
入住 입주
零钱 잔돈
整理 정리하다
早餐 조식
安静 조용한
大学 종합대학교
喜欢 좋아하다
座位 좌석, 자리
抱歉 죄송합니다
地址 주소
中国 중국
汉语 중국어
中餐 중식
地方 지역, 장소
行李 짐
窗户 창문

办理 처리하다
初次 처음
出发 출발(하다)
出差 출장(하다)
不够 충분하지 않다
朋友 친구
亲戚 친척
房间 침실
刷卡 카드로 긁다
柜台 카운터
咖啡 커피
奶精 커피 크림(커피 프림)
快速 쾌속열차
搭乘 탑승하다
转盘 턴테이블
电视 텔레비전
退房 퇴실, 체크아웃
特快 특급열차
单程 편도
舒服 편안하다
麻烦 폐를 끼치다
包括 포함하다
订票 표를 예매하다
标准 표준
复旦 푸단(복단)
月台 플렛폼, 승차장
不用 필요 없다
一天 하루
下车 하차하다
学生 학생
一个 한 개
一下 한 번(하다)~
韩国 한국
一遍 한차례
韩币 한화
打折 할인하다
航空 항공
航班 항공편, 취항 순서
蜜月 허니문
现金 현금
现在 현재
哥哥 형, 오빠
饭店 호텔
或者 혹(은)
红茶 홍차
确认 확인하다
公司 회사

## 3글자

不可以 ~할 수 없다
二十五 25
单人间 1인실
双人间 2인실
没关系 괜찮습니다
国产车 국산차
行李架 기내 선반, 트렁크
火车站 기차역
金李朴 김이박
农产品 농산품
五口人 다섯 식구
下一站 다음 정거장
小卖部 매점, 작은 상점
售票处 매표소
免税品 면세품
星期几 무슨 요일입니까?
对不起 미안하다

法律系 법학과
面包车 봉고차
五道口 북경에 있는 지명
没事儿 상관없습니다
矿泉水 생수
水龙头 수도꼭지
游泳池 수영장
行李票 수화물표
来不及 시간이 맞지 않다
几口人 식구가 몇 명입니까
安全门 안전문, 비상구
哪国人 어느 나라 사람
多少钱 얼마입니까
行李箱 여행가방
历史系 역사과
英文系 영문과
往返票 왕복표
星期一 월요일
音乐系 음악과
人民币 인민폐
标准间 일반실
星期天 일요일
星期日 일요일
入境卡 입국신고서
后备箱 자동차 트렁크
电子系 전자과
第一次 제1차, 첫 번째
一点儿 조금, 약간
秦始皇 진시황제
不客气 천만에요
方便面 컵라면
软卧票 쿠션침대 열차표
登机牌 탑승권
出租车 택시
单程票 편도표
韩国人 한국인
洗手间 화장실
卫生纸 화장지, 휴지
華清池 화칭츠(화청지)
化学系 화학과
分公司 회사지점
电视剧 TV드라마

## 4글자

国际机场 국제공항
大韩航空 대한항공
红葡萄酒 레드 와인
哪里哪里 별말씀을요
不好意思 부끄럽다, 쑥스럽다
什么地方 어디, 어느 곳
什么时候 언제
多长时间 얼마나 긴 시간

## 5글자

企业管理系 경영학과

# 여행가자! 패키지 중국어

2020년 2월  5일 초판 인쇄
2020년 2월 10일 초판 발행

지 은 이 조은상
발 행 인 배영환
발 행 처 도서출판 현우사
등록번호 제10-929호
주    소 서울시 영등포구 영중로 138-1(영등포동 8가 80-2) 드림프라자 B 901호
Tel 02) 2637-4806, 4863  Fax 02) 2637-4807
홈페이지 www.hyunwoosa.co.kr
E-mail okpress1208@naver.com
정    가 13,000 원
ISBN 978-89-8081-556-2 93720